ティモシー・オルセン［著］　桜田直美［訳］

アメリカの高校生が学んでいる投資の教科書

The Teenage Investor

How to Start Early, Invest Often and Build Wealth

Timothy Olsen

SB Creative

私を投資家にしてくれた亡き祖母に捧げる

推薦者まえがき

本書の著者ティモシー・オルセン氏は、8歳のときに株式投資に興味をもってペプシコの株を買い、5年後の13歳で、それまでの投資経験をもとに『The Teenage Investor（10代の投資家）』を出版したという（本書はその改訂版になる）。まさに早熟の天才だ。

それにひきかえ私は、資産運用についてちゃんと考えなくてはいけないと気づいたのは35歳のときで、それまで株式や債券がなにかすらよく知らなかった。だが本書を読んで安心したのは、私がこれまで述べてきたことと同じことが書いてあったからだ。

私のような凡才でも天才と結論が一致するのは、金融市場が経済学者によって徹底的に研究・分析しつくされ、1950年代には現代ポートフォリオ理論として完成されているからだ。これは「1＋1＝2」のような数学的正しさなので、8歳から投資を始めても、35歳から勉強しても、ロジカルに考えていけば同じ場所に至るのだ。

その意味で本書には奇をてらったところはまったくなく、誰でも安心して手に取れる標準的な資産運用の教科書になっている。著者はインデックスファンドを中心としたポートフォリオを推奨しているが、個人投資家にとって、今後もこれを上回る投資戦略は現れないだろう。「1＋1」はどうやっても3にはならないのだ。

投資について重要なことはすべてオルセン氏が書いているので、ここでは本書で扱われていない大切なことを述べておこう。それは「人的資本」だ。

お金を増やす方法は、大きく2つある。ひとつは（貯金など）金融資本を金融市場に投資すること。もうひとつは人的資本を労働市場に投資すること、すなわち働いてお金を稼ぐことだ。

1馬力より2馬力のほうが早く目的地に到達できる。同様に、金融資本や人的資本だけでお金を増やそうとするよりも、両方の資本を効果的に活用したほうがずっと早く「経済的独立」を実現できるだろう。

近年の日本は「衰退途上国」などと揶揄《やゆ》されるが、それでも大卒の男性の平均的な生涯収入は3億円、女性は2億5000万円だ。これには退職金や定年後再雇用の収入が含まれていないので、それも合わせれば、大学卒業時点で男は3億5000万円、女は3億円もの潜在的な人的資本をもっていることになる。それに対して20代前半の若者の貯蓄額は多くても数十万円で、100万円の貯金があれば友達から驚かれるだろう。

そう考えれば、人生の前半で重要なのは小さな金融資本をどのように運用するかではなく、大きな人的資本をいかに有効に活用するかだとわかる。ところが人生の後半になると、人的資本は徐々に小さくなり、その代わり金融資本が大きくなってくる。

高校生から投資を学ぶ必要は、まさにこのときのためにある。オルセン氏も書いているように、若いときは失敗してもいくらでもやり直しはきく。トライ・アンド・エラーの繰り返しでしか身につかないのは、投資も、勉強や仕事も同じだ。

若い読者はこれからいろんなことにチャレンジして、「人生100年時代」をサバイバルしてほしい。

橘　玲

日本の読者のためのまえがき

まずは、私の本を読んでくれてどうもありがとう！　投資のことを知りたいと思ったあなたが、この『アメリカの高校生が学んでいる投資の教科書』を選んでくれたことをとても光栄に思っている。

本書のオリジナル版である『The Teenage Investor』を書いたとき、私はまだ13歳だった。２００３年のことだ。あれからすでに19年がたち、世界は大きく様変わりした。『The Teenage Investor』は、アメリカの高校で投資の入門書として広く使われることになった。私の本で投資について初めて学んだというアメリカの高校生はたくさんいる。

投資の核となる部分、たとえば、早く始める、最初に決めた計画を守る、長期で考えるなどの原則は、アメリカと日本でそれほど違いはない。しかし、両国の文化の違いもあり、投資についての考え方や環境については、それぞれに独自の部分があることも事実だ。

その事実を念頭に置き、今回日本語の翻訳版を出版するにあたり、私はオリジナルの内容を大幅に見直すことにした。現在の世界情勢を反映し、日本の読者にとって実用的な本になるように努力したつもりだ。

２０２２年、日本の高校で金融教育が始まった

２０２２年は、日本の高校生にとって重要な年だった。なぜなら、高校の家庭科の授業で、金融や資産形成に関する知識を正式に学ぶことになったからだ。これはとても大きな進歩であり、金融教育に関しては、日本の高校生はアメリカの高校生の一歩先を行くことになる。このようにいうとみなさんは驚くかもしれない。「アメリカは金融教育の先進国で、日本より進んでいるんじゃないの？」と。

たしかに、アメリカの高校では日本よりも早い時期――実際には数十年前――から、金融や投資（個人の家計管理や資産形成）について教えてきた。

そうした中で私自身、小学生から高校生までを対象に、投資について話したり、ワークショップを開催したりする機会にめぐまれてきた。自分の本を教材にして、貯金と投資の大切さを子どもたちに伝えている。そして今、こうして日本の読者にも自分の考えを伝えられるのは、私にとって本当に光栄なことだ。

しかし、アメリカではたしかに早くから金融教育が行われてきたが、選択科目であるのが一般的で、日本のように全国の高校で必修科目内で教わるわけではない。これは日本の高校生にとって、アメリカの高校生よりも優位に立つ大きなチャンスだ。みなさんは高校

の正式な授業で、若いうちから貯金と投資を始めることの大切さを学ぶことができる。

私が高校生のころも、個人の家計管理や投資についての授業を選択することはできたが、友人の中には選択しない人も何人か存在した。個人的な意見をいえば、アメリカの高校でも、日本の高校と同じように、金融教育を必修にするべきだろう。

家庭科の授業で正式にお金について学べる日本の高校生は、大人になる前に、自分で自分のお金を管理するための準備をすることができる。みなさんにはぜひ、このチャンスを最大限に生かして、早いうちから貯金と投資を始めてもらいたい。さらに、投資についての知識を深め、お金に関するいい習慣を身につければ、その恩恵を生涯にわたって受けることができるだろう。

お金の授業で学んだ知識は、人生の他の側面でも役に立つ。もっとも基本的なお金の知識を2つあげるとするなら、それは「使うこと」と、「貯める・育てること（資産形成）」に関する知識だ。どちらもとても重要であり、本書を読むことで、学校で習った知識をさらに深めることができる。

本書に出てくる内容で、「これはだいたい同じことをいっているのかな」と感じる項目がいくつかあるだろう。たとえば、支出に注意することと、投資を早く始めることだ。無駄づかいしないように気をつけていれば、投資に回すお金を増やすことができる。そして投資を早く始めれば、長期間にわたって資金を運用できるので、複利の力が大きくなる。これは、利息がほとんどつかない（あるいはほぼゼロ）の銀行口座にお金を預けっぱなしにしておくよりも、ずっといい方法だ。

忘れてはいけないのは、使ったお金はもう絶対に投資に回せないということだ。だから、よく考えて賢くお金を使うことがとても大切になる。そして、賢い消費に加えてもう1つ大切なのが、お金を育てることだ。

日本銀行調査統計局が毎年発表する「資金循環の日米欧比較」という資料を見ると、日本、アメリカ、ヨーロッパそれぞれの家計の金融資産構成がわかる。2022年8月に発表された資料によると、現金と銀行預金が家計の金融資産に占める割合は、アメリカが13・7％なのに対し、日本は54・3％もある。

学校の授業で資産形成について教われば、お金をただ銀行に預けておくよりも、株式に投資したほうがいい理由が理解できるだろう。銀行預金は金利がほぼゼロに等しく、それに加えてインフレの影響で目減りしてしまう。一方で株式市場は、長期的には右肩上がりになる可能性がきわめて高い。

そうした状況にある今、本書を読めば、株式市場の基本を理解したうえで、さらに株式投資、債券投資、投資信託についても詳しく学ぶことができる。また、気をつけなければならない投資の落とし穴や、投資家にとって価値のある情報源も知ることができる。学校で習った知識を、本書を読むことで深めることができるだろう。

投資家としての私の歩み

現在の私は、株式投資を始めて約25年になる（初めて株を買ったのは8歳のときだ！）。今でも現役の投資家で、投資やお金に関する本や記事はできるだけ目を通している。高校生時代、大学生時代には、マンハッタンのヘッジファンドで5年間のインターンを経験。大学ではファイナンスを専攻し、ＭＢＡも取得した。現在は結婚し、２人の娘がいる。家族を養い、さらに将来に備えて投資するために懸命に働く毎日だ。

この25年間で、私は投資に関するさまざまな知識を学び、投資家としての経験を重ねてきた。本書では、そんな私が「これは正しい」と確信した考え方や戦略だけを厳選して紹介している。私が投資で成功できた大きな理由の1つは、早く始めて、長く続けたことだ。若いあなたも、私と同じようにできる！

オリジナルの『The Teenage Investor』を書いてから現在までの間に、株式市場でもてはやされる会社の名前も、投資に関する情報も様変わりした。本書はそんな時代の変化を反映し、今の時代に合わせてアップデートされている。

しかしどれほど時代が変わっても、核となる投資の原則は、最初の本を書いたときとまったく同じだ。早く始めて、長く続けることが、投資の成功のカギになる。

現代は若い投資家にとってかつてないほどチャンスに満ちている！

もしあなたが高校生なら、おそらく投資の初心者で、まだ株を買ったこともないだろう。それでも、たくさん学びたいという強い気持ちはあるはずだ。今の時代は、ほんの数年前と比べても、お金や投資の情報が格段に手に入りやすくなっている。そして新型コロナウイルスのパンデミックをきっかけに、投資に興味を持つ人も増えてきた。

あるいは、あなたはもしかしたら、すでに投資を始めているかもしれない。投資に興味はあるけれどまだ始めていない人も、もう始めている人も、いずれにせよ、「おめでとう！」と伝えたい。

あなたが本書を手に取ったのは、自分の未来に向けて備えるためだ。その気持ちがあるだけで、経済的な自由に向けて大きな一歩を踏み出したことになる。この先、投資家としての知識を深めていくにつれて、より充実した人生が送れるようになるだろう。

投資家には、絶対に学ばなければならないことがいくつかある。それらをきちんと習得すれば、人生の他の側面でも役に立つ。たとえば、時間の重要性を理解すること、投資の計画を守ること、先取り貯金で確実にお金を貯めることなどの投資の基本は、人生全般に応用できるはずだ。

今の時代をとりまく状況は、私が高校生だったころと比べるとだいぶ様変わりしている。投資の知識を学び、投資家として成長するチャンスも、昔と違って格段に増えた。本書のオリジナルを書いた13歳のとき、私のような子どもの投資家は完全に例外的な存在で、大人たちからまともな投資家として扱ってもらえないこともしばしばあった。しかし、今の時代はもう違う！

あなたの若さは、あなたにとってもっとも大きなアドバンテージだ。時間を味方につけ、複利の力を最大限に活用しよう。たいていの人にとって、投資でいちばん難しいのは最初の一歩を踏み出すことだ。本書を読んでいるあなたは、すでにその一歩を踏み出している。さあ、投資の旅に出発しよう。好運を祈る！

アメリカ合衆国、ルイジアナ州、コヴィントンにて

ティモシー・オルセン

謝辞

1冊の本を書くには、その執筆の過程を通して、著者のビジョンを形にするためにたくさんの人の助けが必要になる。今回、私が13歳のときに書いた本がこうして新しく生まれ変わり、新世代の日本の読者に届けることができたのは、ひとえにSBクリエイティブの編集者・小倉碧さんと、彼女のチームの存在があったからだ。碧とSBクリエイティブが私の本を選んでくれたことをとても光栄に思っている。日本の若い読者のみなさんには、ぜひ本書から貯金と投資の大切さについて学んでもらいたい！

また、妻のリンジーと、2人の娘、レイトンとサットンには、その愛とサポートに感謝の意を捧げたい。3人とも私がこのプロジェクトに集中するのを許し、温かく見守ってくれた。そして、母、父、姉にも感謝を。最初のプロジェクトから20年近くがたった今、彼らは以前と同じように、この新しい挑戦で私をずっと支えてくれた。

The Teenage Investor

アメリカの高校生が
学んでいる
投資の教科書

Contents

序章

The Teenage Investor

投資の
はじめの一歩

本章では、私が投資を始めたきっかけをお話ししよう。**私にできたのだから、あなたも投資を始めることができる。**

誰でも投資家になれる

すべては1つのアイデアから始まった。私は株式市場というものの存在を知り、すっかり夢中になった。そしてこの新しい発見をみんなに話したくてたまらなくなった。

当時の私はまだとても若かった。正確には8歳だ。そしてもちろん、世間知らずだった。

その年の夏、姉と私は、両親から初めて株式投資について教わった。私は投資がどんなものかまったく知らなかった。私の知る限り、ビジネス専門テレビ局のCNBCが唯一の情報源だ。

父は株式市場についてわかりやすく説明しようとしてくれたけれど、それでも私は理解できなかった。テレビ画面に現れる緑や赤や青の光る文字は、いったい何を意味している

のだろう？　生まれて初めて買った株式はペプシコ（ＰＥＰ）だった。私が買ったのは5株で、当時は1株33ドル前後だった。姉も私も、「自分の好きなものをつくっている会社の株を買いなさい」と両親からアドバイスされていた。

もちろん、株式投資で考えなければならないことは他にもたくさんある。会社について調べ、さらに全体の資産配分に合わせてどの株を買うか決めなければならない（資産配分についてはまた後で詳しく見ていこう）。姉はディズニー（ＤＩＳ）の株を選んだ。ちなみに、伝説のファンドマネジャーと呼ばれるピーター・リンチも資産配分を投資の大原則にしていたのだが、当時の私は知るよしもなかった。

なお、世界の株式市場で取引される株式は、すべて「ティッカーシンボル」と呼ばれる独自の記号が割り当てられている。ペプシコはＰＥＰで、ディズニーはＤＩＳだ。ティッカーシンボルは株価を表示するときなどに用いられる（訳注1）。

株を買ってからは、できるときは株価の動きを確認するようにしていた。たいていは新聞の株式欄の情報だ。私はただ、株価が33ドルより上がることだけを願っていた。

初めて株を買ってから1年か2年たったころ、私はすっかり株式投資に夢中になっていた。もっと投資したい、もっとお金を稼ぎたいと本気で考えるようになった。とはいえ、**当時も今も、私を突き動かしているのはお金ではない。それは「リサーチ」だ。**

私は投資についての情報を調べるのが大好きだ。株式、投資信託、債券など、あらゆる種類の投資に興味がある。経済ニュースの番組を見ているうちに、画面に現れる色のついた文字の意味がだんだんとわかってきた。子どもの私がこうやって頑張って勉強していたのは、投資に詳しい人のようにふるまいたかったからだ。当時の私はまだ10歳で、テレビの経済ニュースに夢中になっている子どもにすぎなかった。

私は子ども時代を通して、ＣＮＢＣの番組はずっと見ていた。それに加えて、インターネットや他のメディアからの情報収集も欠かさない。特に夏休みは情報収集に絶好のチャンスで、友達が外で野球をしたり、自転車に乗ったりしている間も、私は経済ニュースに

訳注1 日本の株式は「銘柄コード」と呼ばれる4桁の数字が割り当てられている。たとえばトヨタ自動車の銘柄コードは「7203」だ。

夢中になっていた。

今でも懐かしく思い出す番組がある。あれは、ほんの数年間だけ続いたインターネットバブルの最盛期のことだった。巨大テクノロジー企業ジュニパーネットワークスのCEOが、CNBCの番組に出演していた。当時、ジュニパーネットワークスは株価が300ドルを超え、またたく間にインターネット時代の寵児となった。あの時代のサクセスストーリーとしてはシスコシステムズが有名だが、ジュニパーネットワークスが大きな話題になったのは、そのシスコとしのぎを削っていたからでもあった。

番組のアンカーがCEOに、株価は今のレベルを維持するのか、それとも300ドルを超えてもっと高くなるのかと尋ねた。CEOは、高くなる可能性はあると答えた。ところが、それからわずか5年ほどで、株価は10ドルまで下がってしまったのだ！

ジュニパーネットワークスのCEOも私と同じで、世間知らずで現実が見えていなかった。しかし、本書を読み進めていけばわかるように、CEOも私も、300ドルという株価が果たして適正なのか、判断する手段がなかったのだ。

当時は誰もが、文字通り本当にすべての人が、「株価は適正だ」と思っていた。そして、生まれたばかりのテクノロジー企業の株を買うことで、普通の人でも一夜にして億万長者になれるという事実を目の当たりにした私たちは、株価がおかしいなどとは夢にも思っていなかった。

当時、インターネットやテクノロジー関連の株はまだ市場に登場したばかりだったので、比較できるような基準が存在しなかった。そのため、株価がきちんと検証されることもなく、そのまま受け入れられていたのだ。

いずれにせよ、子どもの私には、ジュニパーネットワークスのような会社の株は高くて買えなかった。たとえ買えても、せいぜい1株か2株だ。そのため、インターネットブームに乗ることができず、その盛り上がりをただ眺めているだけだった。

しかし、どうやらそれが賢い選択だったようだ。インターネットバブルはわずか1年か2年で崩壊したからだ。株価の暴落は、私にとってはいきなりやってきたバーゲンセールのようだった！ 以前は高すぎて買えなかった株にも手が届くようになったために、株式市場がさらに魅力的な存在になった。

この出来事は、私にとても大切なことを教えてくれた。それは、**「欲をかきすぎると大損をする」という教訓**だ。

そしていよいよ、私も自分の考えを行動に移すことになった。

投資で大切な考え方

投資について勉強し、投資の世界の偉大な先輩たち（特に大きな存在はウォーレン・バフェットとジョン・ボーグルだ）から学んだ結果、投資に対する私の考え方も長い年月の中で少しずつ変化していった。ただ1つだけ変わっていないのは、**確固とした投資計画を決め、本当に必要なときだけ修正を加えるという姿勢**だ。

私は今でも長期のインデックス投資を続けている。たとえば、インデックスファンドのバンガード・トータル・ストック・マーケットや、引退時期を決めて投資するターゲット・リタイアメント・ファンドのバンガード・ターゲット・リタイアメント2050（複数のインデックスファンドでポートフォリオを組んだ金融商品）などだ。

それに加えて、将来の現金収入を増やし、さらにできれば予定より早めのリタイアを実現するために、高配当株にも投資している。どれも安定した配当収入が見込める優良企業で、将来的に配当が増える可能性も高い。私はこの投資を「配当グロース戦略」と呼んでいる。

現在、私は2つのポートフォリオを所有している。1つはインデックスファンドだけを集めたポートフォリオで、もう1つは高配当の個別株で構成されるポートフォリオだ。生まれて初めて買ったペプシコ（PEP）の株も、まだ高配当株ポートフォリオのほうに残っている。このペプシコ株投資で年平均8・8％の利回りが実現できたのは、配当金を再投資に回したおかげだ。

近年、長期のインデックス投資の利点は広く知られるようになった。市場全体に投資するインデックスファンドを買い、長期にわたって保有していれば、市場全体の成長に合わせて資産を増やすことができる。しかも、手数料はごくわずかで、継続的に市場に勝てるファンドマネジャーを探す手間もはぶける（そもそも、そんなファンドマネジャーは存在しない！）。**ただインデックスファンドを定期的に買って積み立てていくだけで、株式市場の長期的な成長に丸ごと乗っかることができる**のだ。

もう1つの配当グロース戦略のほうは、私が投資家として進化した証だ。投資の目標や目的に合わせて、投資の戦略も変化する。今の私の目標は、自分と家族が安心して暮らせるだけの資産を築き、早期にリタイアすることだ。安定した配当収入をもたらしてくれる個別株への投資のおかげで、その目標を達成できる確率がさらに高くなった。

配当とは、会社が株主に利益を分配することだ。一般的に四半期に1度のペース（訳注2）で支払われる。配当の出る株に投資し、配当金を再投資に回していれば、複利の力をさらに大きく効かせることができる。それに加えて、配当金自体が順調に増えていけば、リターンはもっと大きくなるだろう。

でも、そのような株はどうすれば見つかるのだろう？　答えは、きちんとリサーチすることだ。財務基盤が強固で、安定して配当を出し、しかも配当金が順調に増えている会社を探せばいい。私はこれからも、この配当グロース戦略を続け、投資の目標を必ず達成するつもりだ。

一夜にして大金持ちになれるような方法は存在しない。投資で成功したいなら、カギと

訳注2　日本では年に1度か2度の会社が多い。

なるのは地道なリサーチだ。だからといって、リサーチさえすれば必ず成功できるわけでもない。私自身も失敗を経験してきた。一度も損失を出したことのない投資家など存在しない。それでも、**きちんとリサーチをしていれば、損失の可能性を最低限に抑えることができる。**

とはいえ、ここで1つ注意しておいてもらいたいことがある。投資の世界には、「効率的市場仮説」という言葉がある。これは簡単にいえば、「現時点で入手可能な情報はすべて株価に織り込まれている」という考え方だ。

つまり、ある会社について何らかのニュースが発表されたり、ある会社の格付けが変更されたりしたら、その情報は瞬時に株価に反映されるようになっている。それが可能になったのは、株取引のスピードが劇的に上がり、多くの機関投資家が情報に反応するまでの時間が劇的に短くなったからだ。

たしかに効率的市場仮説にも一理ある。しかし私の経験からいえば、だからといってリサーチをしても無駄だということにはならない。個別株に投資するなら、やはりリサーチは絶対に必要だ。

ただの当てずっぽうではなく、きちんとリサーチしたうえで株を買えば、利益を出せる確率はかなり高くなる。

あなたも私と同じように、投資についてきちんと勉強し、市場に詳しくなってもらいたい。私にできたのだから、あなたにもきっとできる。

第 1 章

The Teenage Investor

金融市場の基本

株式市場

さあ、ここから投資の授業の本番だ。株式や債券とはいったいどんなものなのか？　これから一緒に学んでいこう。

多くのアメリカ人は、金融市場と聞くとアメリカ国内の市場のことしか考えないが、実際のところ、株式市場、債券市場、オプション市場、先物市場は世界中に広がっている（それぞれの市場については後で説明しよう）。それらすべての市場が、世界経済のシステムを根底から支えている。経済システムの基盤にあるのは現金だ。現金はアメリカのドルだけではなく、世界中のあらゆる通貨が含まれる。

たしかに世界のメディアを見ても、もっとも話題になりやすいのはアメリカの株式市場だ。なぜかというと、アメリカが経済的にも軍事的にも世界最大の超大国だからだ。しかし、アメリカ以外の市場も存在するという事実に変わりはない。この章では、世界の主要な市場と、その市場でお金を儲ける方法について見ていこう。

株式市場とは、読んで字のごとく、株式を売ったり買ったりするための場所だ。株を市場で取引するには、「取引所」と呼ばれる場所に「上場」する必要がある。

アメリカの株式市場は巨大だ。主要な取引所は、ニューヨーク証券取引所（ＮＹＳＥ）とＮＡＳＤＡＱ《ナスダック》の２つがある。ＮＹＳＥは、１７９２年に設立された古い歴史を持つ最大の取引所だ。ニューヨークに拠点を置き、約２５００社の株式が上場されている。かつてはほとんどの取引が立会場と呼ばれる場所で人の手を介して行われていたが、現在は約８割が電子取引になっている。ＮＡＳＤＡＱは時価総額がアメリカで２番目に大きな取引所で、ＮＹＳＥと同じくニューヨークに拠点を置いている。ＮＹ

SEとの違いは、完全な電子取引所であるという点だ。物理的な立会場は存在せず、すべての取引を電子で行っている。

なお、**時価総額とは、ある会社の株式の現時点での価値を表した数字のことだ。**現在の株価に、発行済みの株式の数をかけて求める。投資家やアナリストは、時価総額を基準に会社の規模を判断する。時価総額が大きい順に、大型株、中型株、小型株と呼ばれ、他にも超大型株、超小型株などの呼称もある。時価総額が何ドルならどのカテゴリーに入るという明確な基準は決まっていない。

アメリカ国内にある取引所がすべて集まって「アメリカ株式市場」を構成してい

る。外国にもそういった株式市場が存在し、たとえばカナダなら、トロント証券取引所、モントリオール証券取引所、バンクーバー証券取引所など、国内すべての取引所が集まってカナダ株式市場になる。国内に最低でも1つの取引所があるなら、どの国でもしくみは同じだ。イギリスのロンドン証券取引所や、日本の東京証券取引所という名前を聞いたことがある人も多いだろう。

取引所に上場された株式には2つの種類がある。それは、「普通株」と「優先株」だ。投資の本やテレビ番組で「株」や「株式」という言葉が出てきたら、それはたいてい普通株のことをさしている。しかし、普通株でも優先株でも、株を買うことは「その会社の一部を所有すること」という原則は変わらない。株を買って会社の一部を所有することを「株主所有権」と呼ぶ。普通株と優先株にはいくつかの違いがある。

普通株を所有すると、株主総会のときに、会社の経営に関する決議で投票する権利が与えられる（この権利を「議決権」と呼ぶ）。さらに、会社が利益を出したら「配当金」を受け取ることができ、値上がりした株を売却したら「値上がり益（キャピタルゲイン）」も受け取ることができる。

配当金とは、会社が株主に対して定期的（たいていは四半期に1度〈日本では年に1度か2度〉）に支払うお金のことだ。配当金を出すかどうかは取締役会の決議で決まる。会社の利益の一部が配当金になり、残りは事業のための再投資に使われる。配当金がまったく出ない株式もあれば、高額の配当金が出る株式もある。通常、配当金は課税対象であり、株主が配当金を受け取った年に徴税される。安定した大企業であれば配当金を出していることが多いが、多くの小さな会社は配当金を出すほど資金に余裕がない。

値上がり益とは、保有する資産の市場価格が値上がりしたときに得られる利益のことだ。資産が株式なら、買ったときの価格と売ったときの価格の差が値上がり益になる。たとえば、ある会社の株を1株5ドルで買い、その株価が10ドルまで上昇したら、値上がり益（キャピタルゲイン）は5ドルということになる。しかし、値上がりした株をそのまま持っている場合は、値上がり益は発生しない。値上がり益が確定するのは株を売却したときだけだ。10ドルまで値上がりしてもそのまま持っていて、その後20ドルまで値上がりしたときに売却したら、値上がり益は15ドルになる。ところが、10ドルまで上がった株価が5ドルまで下がってしまい、そのときに売却したのなら、値上がり益はゼロということだ。

株式のもう1つの種類である優先株には、普通株よりも早く配当金を受け取れるという特徴がある。また、会社が倒産したときは、優先株と債券の所有者は、普通株の所有者よりも先に資金を回収することができる（ただし、会社に支払うだけのお金が残っていればの話だ！）。その一方で、優先株の所有者は、普通株の所有者と違って、株主総会での議

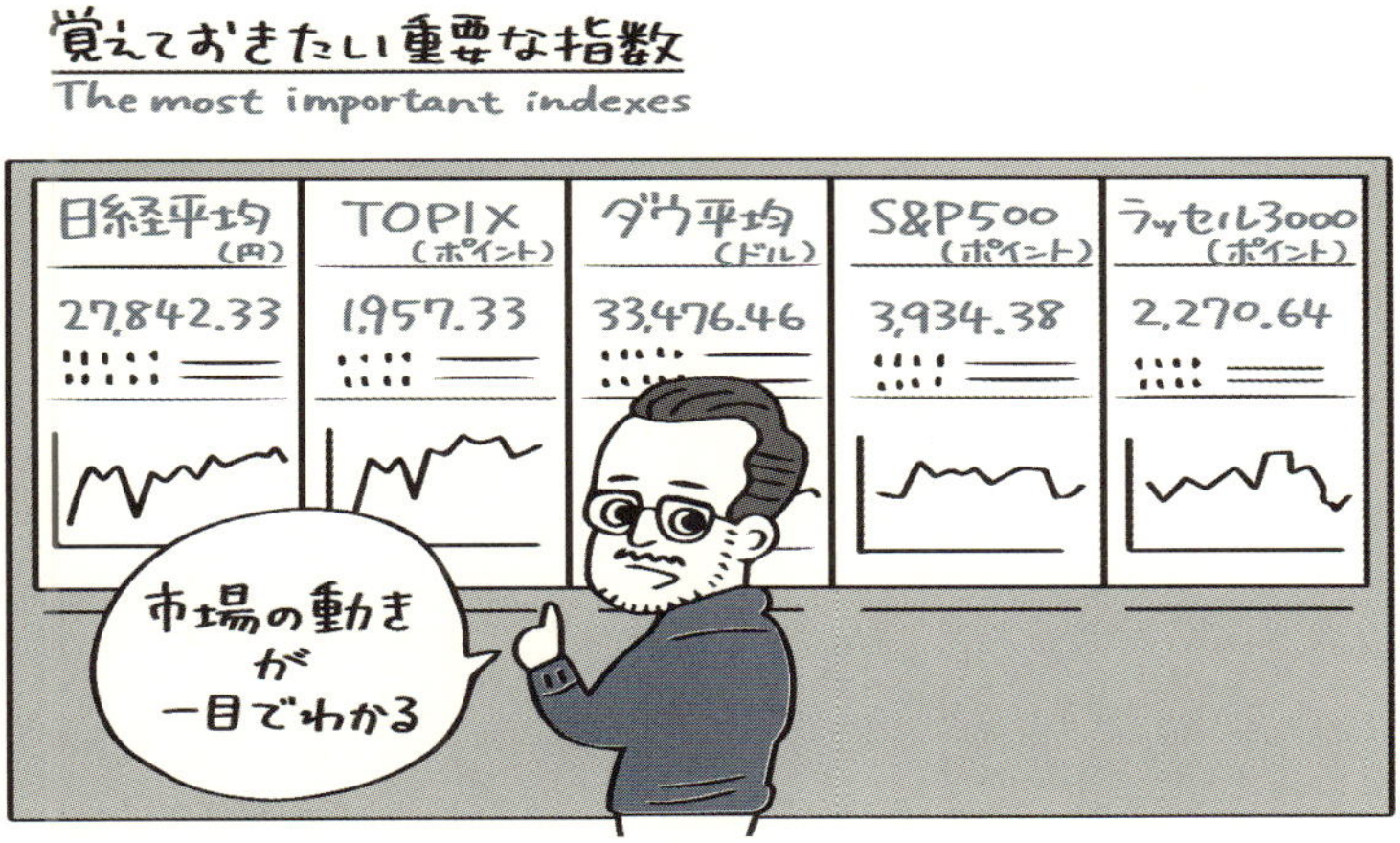

決権が与えられていない。

それでは、普通株と優先株のどちらを選べばいいのだろう？　この質問の答えは、あなたの置かれた状況や、投資の目標によって違ってくる。それぞれに利点も欠点もあるが、それだけで判断するのではなく、必ず自分が投資で何を目指すのかといったことと併せて検討しなければならない。

株価指数

株価指数とは、ある一定の基準に沿って集めた株の全体の値動きを示す数字のこと

だ。同じ業界の株を集めた指数や、同じような規模の会社の株を集めた指数がある。指数の目的は、株式全体のだいたいの動向を一目でわかるようにすることだ。投資家は指数の動きを見て市場全体の状態を理解したり、指数を比較の基準として使ったりする。株価指数は、私たち投資家にとってとても便利な数字だ。それぞれの株価指数を見るだけで、市場全体や、ある特定の業界、ある特定の規模の会社の動向がすぐにわかる。

指数はある意味で、アンケート調査に似ているかもしれない。たとえばアメリカの人口は約3億3000万人だが、そこから1000人か2000人、あるいは5000人を選んで調査すれば、アメリカ人全体の考え方がだいたいわかる。

現在、取引所に株式を上場している会社は、アメリカでは約6300社、日本では約3800社もある。そのすべての株を個々に調べるよりも、株価指数を見て全体の動きを把握するほうがずっと簡単だ！

株価指数を把握する利点は、市場全体や、ある特定のセクションの動向を追うのが簡単になることだけではない。株のパフォーマンスを比較するときの基準の役割も果たしてくれる。たとえば、ある会社の株が、他の同じような会社の株と比べてどうかということを知りたいときは、それらの会社が含まれる指数と比べてみればいい。

次項からは、ぜひ覚えておきたい重要な指数について見ていこう。

ダウ・ジョーンズ工業株価平均（ダウ平均）

ダウ・ジョーンズ工業株価平均（ダウ平均）はとても有名な株価指数なので、聞いたことがある人も多いだろう。中には株式市場のことをダウ平均と呼ぶと勘違いしている人もいるくらいだ。なぜそんなことが起こるかというと、テレビやラジオの経済ニュースで市場の値動きを伝えるときに、たいていダウ平均の終値が紹介されるからだろう。

しかし、ダウ平均と株式市場は違うものだ。**ダウ平均は株価指数であり、アメリカを代表する大企業30社で構成されている**（このような一流企業は「ブルーチップ」と呼ばれる。ブルーチップは一般的に権威ある大企業の株のことをさし、リスクが低いために、より安全で堅実な投資先とみなされている）。

ダウ平均の起源は、金融ジャーナリストのチャールズ・ダウが設立したダウ・ジョーンズ社という金融情報会社にさかのぼる。この会社が発行するニューズレターが、後にあの有名な「ウォール・ストリート・ジャーナル」紙になり、そして1896年5月26日、「ウォール・ストリート・ジャーナル」に最初のダウ・ジョーンズ工業株価平均が掲載さ

図1　ダウ平均に含まれる30社

アメリカン・エキスプレス(AXP)	JPモルガン・チェース(JPM)
アムジェン(AMGN)	マクドナルド(MCD)
アップル(AAPL)	3M(MMM)
ボーイング(BA)	メルク(MRK)
キャタピラー(CAT)	マイクロソフト(MSFT)
シェブロン(CVX)	ナイキ(NKE)
シスコシステムズ(CSCO)	プロクター・アンド・ギャンブル(PG)
コカ・コーラ(KO)	セールスフォース・ドットコム(CRM)
ダウ(DOW)	トラベラーズ(TRV)
ゴールドマン・サックス(GS)	ユナイテッドヘルス・グループ(UNH)
ホーム・デポ(HD)	ベライゾン(VZ)
ハネウェル・インターナショナル(HON)	ビザ(V)
インテル(INTC)	ウォルグリーン・ブーツ・アライアンス(WBA)
IBM(IBM)	ウォルマート(WMT)
ジョンソン・エンド・ジョンソン(JNJ)	ウォルト・ディズニー(DIS)

れた。当初のダウ平均は11社で構成され、ほぼ鉄道関連のブルーチップだった。

現在、ダウ平均はS&Pダウ・ジョーンズ・インデックス社によって管理され、ごくまれに構成する会社の見直しが行われる。本書を書いている時点で、ダウ平均に含まれる30社は上の図1の通りだ。

ウォール街で働くお金のプロの多くは、「ダウ平均を見れば市場全体の動きがわかる」という考え方に異議を唱える。ダウ平均に含まれる企業が30社しかないからだ。この問題については、学問の世界でも、金融業界でもたびたび議論されてきた。

個人的には、**アメリカの株式市場全体について知りたいなら、ダウ平均よりもS&P500を参照にしたほうがいい**と考えている。S&P500には、名前の通り500社が含まれているので、30社だけの指数よりもより正確に市場を反映しているはずだ。それでもダウ平均は、現在も数ある株価指数の中でもっとも強い影響力を保ち、株価のニュースで必ず紹介されている。

ダウ平均は、なぜここまでの影響力を保っているのだろうか？　理由の1つは、その歴史の長さだ。100年以上にわたって、超一流のアメリカ企業ばかりを集めた指数として認められてきた。ダウ平均に含まれるのは、アメリカ流のビジネスを形づくってきた権威ある会社ばかりだ。

指数に含む会社の選定は、S&Pダウ・ジョーンズ・インデックス社が行っている。一般的に、会社の入れ替えが行われるのは、指数に含まれる会社が他の会社に買収されるか、破産するか、それと似たようなことが起こった場合だけだ。

スタンダード&プアーズ500、400、600

前述したように、市場全体を反映した指数と呼ぶのによりふさわしいのは、スタンダード&プアーズ500だろう。一般的にはS&P500という名前で知られていて、ときにはただのS&Pだけでも通じることもある。

S&P500に含まれるのは、株式を上場したアメリカ企業のうち、時価総額が大きい順に並べた上位500社だ。S&P500も、ダウ平均やNASDAQ総合指数と並んで経済ニュースでおなじみの指数だ。学問の世界では、市場全体をもっとも正確に反映した指数として多くの人から認められている。

ある定義によると、S&P500とは、多くの人に所有されているとされる500社の株式を集めたカゴのようなものだ。ニューヨーク証券取引所とNASDAQに上場されている銘柄から代表的な500社を選び、株価をすべて足して、時価総額の比率で加重平均して指数化している。

S&Pとはスタンダード&プアーズという会社のことで、他にもS&P400とS&P600という指数もある。どちらもS&P500に似ているが、S&P400は400社の中型株で構成され、S&P600は600社の小型株で構成されるという違いがある。

400と600のほうは、テレビの経済ニュースで取りあげられる機会がそれほどない。しかしウォール街はすべての指数に目を光らせている。大型株や中型株、小型株が相対的にどのような動きをしているか知りたければ、指数の動きを見るのが基本中の基本だからだ。

投資会社の中には、「上場投資信託（ＥＴＦ）」と呼ばれる金融商品を販売している会社もある。ＥＴＦについては第5章と第6章で詳しく学んでいくが、ひとまず現時点では、**ＥＴＦは価格が指数に連動するように設計された投資信託だが、株のように取引所に上場されている**、ということだけを理解しておけば十分だ。

中型株のＳ＆Ｐ４００に連動するＥＴＦもあれば、小型株のＳ＆Ｐ６００に連動するＥＴＦもある。具体的な例をあげると、ｉシェアーズ・コアＳ＆Ｐ中型株ＥＴＦ（ＩＪＨ）がＳ＆Ｐ４００に連動するＥＴＦだ。このＥＴＦは、ニューヨークに拠点を置く大手投資会社のブラックロックが管理している。

また、Ｓ＆Ｐ６００に連動するＥＴＦとしては、ｉシェアーズ・コアＳ＆Ｐ小型株ＥＴＦ（ＩＪＲ）などがある。どちらのＥＴＦもニューヨーク証券取引所（ＮＹＳＥ）に上場されているので、株と同じように売買できる。

ウィルシャー5000

ウィルシャー5000も、S&P500と同じように算出する株価指数の1つだ。ただしウィルシャー5000は、ニューヨーク証券取引所（NYSE）、NYSEアメリカン、NASDAQに上場されていて、アメリカに本店を置くすべての会社で構成されている。

ウィルシャー5000を管理するウィルシャー・アソシエイツ社は、他にもウィルシャー4500という指数も管理している。ウィルシャー4500を構成するのは、ウィルシャー5000からS&P500の会社を除いた会社だ。ウィルシャーの指数についてさらに詳しく知りたい人は、ウェブサイト（wilshire.com）を参照してほしい。

ラッセル1000、2000、3000

ロンドン証券取引所グループ（ＬＳＥＧ）の子会社であるＦＴＳＥラッセルが、９種類のアメリカ株の指数をはじめ、さまざまな指数を発表している（ウェブサイトwww.ftserussell.comを参照）。その中で**知っておかなければならないのは、「ラッセル1000」、「ラッセル2000」、「ラッセル3000」の3つの指数**だ。

どれもアメリカの上場会社を集めた指数で、ラッセル３０００には時価総額上位３０００社が含まれる。この３０００社で、アメリカの上場会社の約98％をカバーできる。そしてラッセル１０００は、ラッセル３０００の中の時価総額上位１０００社で構成された指数だ。この１０００社の時価総額が、ラッセル３０００全体の約92％を占めている。

最後にラッセル２０００は、もうおわかりかもしれないが、ラッセル３０００からラッセル１０００を除いた残りの２０００社の指数だ。この２０００社は時価総額が小さいので、２０００社もありながら、ラッセル３０００の時価総額に占める割合はわずか８％しかない。ラッセル１０００、２０００、３０００は、中身そのままの名前なので覚えやすいだろう。

その他の指数

ここまで紹介したもの以外にもさまざまな指数が存在する。あらゆる市場や銘柄が網羅されていて、中には石油、一般消費財、航空宇宙、国防など、1つの業界に特化した指数もある。

また後で詳しく学んでいくが、**指数に投資する「インデックス投資」は、長い時間をかけて資産を形成する効率的な方法だ。**それに加えて、誰でも手軽にできるというメリットもある。

インデックス投資とは、個別の銘柄ではなく、複数の銘柄を集めた「株のパック商品」のようなものを買う投資方法だ。パック商品はたいてい投資信託と呼ばれる金融商品で、それぞれの投資信託がS&P500などの指数（インデックス）に連動するように設計されている。インデックス投資をするときは、指数に連動する投資信託を買ってもいいし、同じく指数に連動するETFを買ってもいい。どちらを選ぶにしても、個別の銘柄を買うのではなく、信頼できる指数を丸ごと買うのと同じことになる。

図2　日本とアメリカの代表的な指数

指数	説明
日経平均株価(日経225)	日本の大型株
東証株価指数(TOPIX)	東京証券取引所に上場された銘柄の大部分をカバーした指数
S&P500	アメリカの大型株
ダウ・ジョーンズ工業株価平均(ダウ平均)	アメリカの大型株
NASDAQ100指数	大型グロース株
ラッセル2000	アメリカの小型株
MSCIオール・カントリー・ワールド・インデックス(ACWI)	先進国から新興国まで世界50カ国で上場された大小さまざまな規模の3000銘柄をカバーした指数

上の図2は、日本とアメリカの代表的な指数のリストだ。

債券市場

債券市場も金融市場の1つだが、株式市場とは違うしくみで動いている。株の場合は、株を買うと、その会社の一部を所有することになる（これを「株主所有権」と呼ぶ）。一方で**債券を購入するのは、その会社にお金を貸すのと同じこと**だ。会社はその借りたお金を使ってプロジェクトを遂行したり、あるいは「運転資金」にしたりする。債券を買った人は、会社から決まった利率の利子を払ってもらえる。

株式にさまざまな種類があるのと同様に、債券も1種類ではない。もっとも安全な債券は、アメリカ政府（財務省）が発行するアメリカ国債だ。逆にもっとも危ないのは、経営状態の悪い会社が発行する「ジャンク債」（別名「ハイイールド債」）と呼ばれる債券になる。これは、格付け会社のどれか1つから、「デフォルト」（「債務不履行」ともいう）のリスクがあるために投資不適格という格付けを与えられた会社が発行する債券のことだ（詳しくは第4章で学ぶが、デフォルトとは、経営破綻などが原因で、債券の利子の支払いや、元本の返済ができなくなることをいう）。

債券はその安全性によって格付けが与えられている。スタンダード＆プアーズ、ムーディーズ、フィッチ・レーティングスなどの格付け会社が、債券を発行する会社の経営や財務の状況を基準に格付けを決めている。財務状況が特に悪い場合、格付け会社はその会社に「投資不適格」の格付けを与えることもある。こういった投資不適格の会社の債券を買うと、利子の支払いや、元本の返済が受けられないかもしれない。

伝統的に、債券は株式よりも安全な投資と考えられている。そのため、株式市場が値下がりしたり、景気が悪化したりすると、多くの投資家は資金の避難先として債券を購入する。市場が不安定でも債券には利子という決まった収入があり、それに債券をポートフォリオに加えればよりリスクを分散することができる。

リスクを軽減するためにさまざまな資産に投資することを「分散投資」という。分散投資とは、同じ資産だけに投資するのではなく、株や債券など、多様な資産に分散して投資することだ。資産の分散はとても重要だ。特に下げ相場のときは、できるだけ多様な投資先に資金を分散しておくことがカギになる。一般的に、債券はほとんどの株よりも安全とされているので、株式に合わせて債券も保有しておけば、ポートフォリオ全体のリスクを下げることができる。債券については、第4章でさらに詳しく学んでいこう。

債券の買い方は、個別の債券を買う方法と、債券の投資信託（債券ファンド）を買う方法の2種類がある。どちらの買い方にも利点はあるが、投資金額が5万ドル以下なら、債券ファンドのほうが便利で、おそらくいい結果にもつながるだろう。

貯金から始めよう

投資をやってみたいと思っている人はたくさんいるが、残念ながら、何から始めればいい

図3　日本とアメリカの主要な債券市場の指数

指数	説明
S＆P日本債券指数	日本国内で発行された円建ての公債と社債の指数
FTSE日本ブロード債券インデックス	円建ての投資適格債の指数
ブルームバーグ米国総合債券インデックス	アメリカ国内で取引される債券の指数。ほとんどアメリカの債券だが、外国の債券も一部含まれる
S＆P500債券指数	S＆P500企業が発行した社債の指数

いのかがわかっている人はそれほど多くない。**投資の第一歩としてまずしなければならないのは、とにもかくにも「お金を貯めること」だ。**利子のつく銀行口座で貯金してもいいし、投資するのに十分な額が貯まるまで証券会社の口座でMMFなどに預けてもいい（MMFについては第2章で説明する）。

さて、いよいよ金融市場に打って出ることになったら、まず何をすればいいのだろう？　あなたがまだ若いなら、時間こそがもっとも貴重な資産であるということを忘れないでほしい。過ぎた時間は二度と取り戻せない。**投資期間が長くなるほど、お金を育てる時間も長くなる。**

ここで、あなたが株に投資すると決めたとしよう。投資期間が50年あるとすると、株で資産を増やすには十分な時間だ。株式投資の1つの方法は、資金の大部分で投資信託とETFを買い、残りで個別株を買うというものだ。iシェアーズMSCIジャパンETF（EWJ）や、バンガード・トータル・ストック・マーケット・インデックス・ファンド（VTSMX）をはじめ、株式市場全体に分散投資できるインデックスファンドやETFはいろいろ出ている。

「どの株を買ったらいいのかわからない」あるいは「なるべくリスクを抑えたい」という人は、手数料の安いインデックスファンドだけを買うという方法を検討してみよう。これはインデックス投資のレジェンドで、バンガード・グループ創始者のジョン・ボーグルが推奨する方法でもある。

一方で、「せっかく投資期間が長いのだから、もっと攻撃的な投資をしたい」という人もいるかもしれない。そんな人のために、手数料が比較的安く、より大きなリターンが期待できるような投資信託も存在する。

個別株に関しては、あまりにもたくさんの種類があるので（アメリカの取引所に上場されている株式は数千銘柄にのぼる）、どれを買ったらいいのかわからないと悩むのも当然だろう。一般的には、大きな会社の株と、小さな会社の株の両方を買ったほうがいいとされている。小さな会社には将来的に大きく成長するかもしれないという可能性があり、一方で大きな会社には安定しているという利点がある。

株式についてはまた後の章で詳しく見ていこう。本書で株について学ぶうちに、自分のニーズに合致する株が選べるようになるはずだ。株、債券、投資信託については、第3章、第4章、第5章でそれぞれ詳しく説明している。これらの資産を上手に活用し、自分の目標にいちばん合った投資をする方法を学ぶことができる。

すべての投資にはリスクがある

株に投資するにしても、債券に投資するにしても、ある一定のリスクは覚悟しなければならない。**一般的に、債券のほうが株よりも安全だとされている。株とハイイールド債は、場合によってはきわめてリスクが高くなる。**

ここでの基本は、リスクが大きくなるほど、期待できるリターンも大きくなるということだ。ある投資に内在するリスクと、期待できるリターンの比率を表した数字をリスクリターン率と呼ぶ。原則的に、リターンが高くなるほどリスクも高くなり、リスクが低くなるほどリターンも低くなる。もちろんここでの目標は、できるだけ最小のリスクで最大のリターンを獲得することだ。リスクをできるだけ抑えたいなら、期待できるリターンも小

さくなる。それに加えて、前にも述べたように、投資でいちばん大切なのは資産を分散させることだ。株や債券など、ポートフォリオにさまざまな資産を組み込むようにしよう。

個別株投資や、その他の投機的な投資はきわめてリスクが高い。実際、投資の初心者であれば、ジャンク債などの投資には一切手を出さないのが正解だろう。単純に、リスクがあまりにも高すぎるからだ。

株式投資でもっともリスクの大きい行動の1つは、まだ業績を上げていない小さな会社の株を買うことだ。その一方で、時価総額は小さくても、安定したブランド力を持つ有名な会社もたくさんある。そういう会社に投資してみたいという人もいるかもしれない。

いくつか具体例をあげよう。日本の小型株では、「マルちゃん」ブランドの即席麺で有名な食品メーカーの東洋水産（2875）、スポーツアパレル用品メーカーのアシックス（7936）、JR九州の通称で知られる九州旅客鉄道（9142）などがある。

アメリカの小型株では、ガソリンスタンドチェーンのマーフィーUSA（MUSA）、大衆レストランチェーンのテキサス・ロードハウス（TXRH）、殻つき卵の生産・販売を手がけるカル・メイン・フーズ（CALM）などが有名だ。

一般的には、会社が小さいほど投資のリスクは大きくなる。そのため結局のところは、安定した大企業の株を買うほうが安全であることに変わりはない。たとえば、日本ではトヨタ自動車（7203）、ソニーグループ（6758）、任天堂（7974）、アメリカではアップル（AAPL）、アマゾン（AMZN）、テスラ（TSLA）などだ。

理論上は、どんな株でも利益を出すことができる。大企業でも、中小企業でも関係ない。ここで覚えておいてもらいたいのは、「すべての投資にはリスクがある」ということだ。リスクがまったくないなら、リターンもゼロになる。

外国の金融市場

近年、グローバル経済はかつてないほどつながりを強めている。そのため一般的には、**ある1つの国や、ある1つの産業だけに集中して投資するのではなく、できるだけ多くの国と産業に分散して投資するほうが、より安全で堅実とされるようになった。**たとえば、さまざまな国のさまざまな産業の会社を集めた投資信託を買えば、それだけで理想的に分散されたポートフォリオを組むことができる。どこかの株式市場が極端な動きをしても、このポートフォリオであれば、リスクを抑えて自分の資産を守ることができるだろう。

外国に投資する場合、世界の国々は大きく3つのカテゴリーに分類される。アメリカや日本などの「先進国」、中国やインドなどの「新興国」、そしてそれ以外の「金融市場を持たない国」だ。

新興国は、経済も政治もまさに成長の過程にあるので高いリターンが期待できるが、その分だけリスクもある。金融市場のない国の場合は、株式を上場していない会社（非公開会社）に自分で投資しなければならないのでリスクはきわめて高い。

アメリカ以外の外国（特に新興国）の市場に投資するつもりなら、かなりのハイリスクにさらされる覚悟が必要だ。そのため個人的には、投資の初心者に外国市場への投資はおすすめしない。しかし、それでも外国市場に投資したいというのなら、ここでもリスク軽減のカギは分散投資だ。どこか1つの国だけでなく、さまざまな国を組み合わせれば、どこかの国で景気が悪化したり、政情が不安定になったりしても、自分の資産を守ることができるだろう。

第1章で学んだ大切なこと

本章で学んだことは、投資のほんの入り口にすぎない。さらに読み進めていけば、投資の世界をもっと深く知ることができるようになっている。本章で、知らない言葉や、よく理解できない事柄があったかもしれないが、後の章で詳しく解説するので安心してほしい。あなたが初心者なら、これから学ぶことはたくさんある。本書を最後まで読めば、しっかりとした知識が身につき、投資の目標を達成できるだろう。

- **金融市場にはさまざまな種類がある。株式市場、債券市場、先物市場、オプション市場だ。**
- **株式には、普通株と優先株の2種類がある。どちらの株も、株の所有者は会社の一部を所有していることになる。**
- **株式にも債券にも指数（インデックス）があり、投資家はインデックスファンドを買うことで指数に投資することができる。**
- **債券にはさまざまな種類があり、利率もそれぞれで大きく異なる。一般的に、利率が高いほどリスクも高い。**
- **外国の金融市場（特に新興国の金融市場）は、大幅にリスクが高くなる。**

第2章

The Teenage Investor

資産形成の基本

第2章では、投資の初心者が投資家としてスタートを切る方法を見ていこう。これから紹介する投資初心者のための資産形成プランの特徴は、「シンプル」と「堅実」だ。プランを決め、着実に続けることで、投資の目標を達成することを目指している。プランを決めるうえでいちばん大切なのは、「長期の視点を持つこと」だ。

これから見ていくように、投資初心者のための資産形成プランは、基本的で、比較的簡単に資産を築くことができる方法だ。

初心者のための資産形成プラン：ステップ1

資産形成プランの最初のステップは、もっとも大切なステップでもある。それは、**「投資の目標と、投資にかけられる期間を決めて紙に書くこと」**だ。たとえば、仮にあなたが18歳なら、投資期間は18歳から投資を終わりにする年齢までの期間になる。投資を終わりにする年齢は人によって違うだろうが、一般的には、引退する年齢や、あるいは家を買う、結婚する、子どもができるなど、大きなライフイベントがある年齢だ。

このことをステップ1に持ってきたのは、**最初に自分の目的地を確認しておくのがとても大切**だからだ。目的地と、いつまでに目的地に到達するのかがわからなければ、到達するための方法もわからない。投資の目標と、投資期間が決まったら、ステップ2に進もう。

初心者のための資産形成プラン：ステップ2

ステップ2では、いよいよ**証券口座を開設する。**2016年、日本では「ジュニアNISA」と呼ばれる制度がスタートした。これは未成年者を対象とした投資の制度で、ジュニアNISAの口座で運用する資金については、値上がり益や配当金、分配金への課税が免除される(訳注3)。高校でお金の授業が始まった今、若い投資初心者には注目の制度だ。ちなみに18歳未満であっても保護者の承諾があれば証券口座を開設することができる。

どんなことでも、いちばん難しいのはまず始めることだ。そんなときに、両親の助言や、インターネットの情報があれば、自分にとってもっとも簡単な方法で投資の第一歩を

訳注3 ジュニアNISAは2023年で終了するが、一般NISA、つみたてNISA、iDeCoなど、運用の利益が非課税になる制度は他にもある。2024年からは新NISA制度も始まるので、そちらも注目しておきたい。

踏み出すことができるだろう。たとえば、銀行や証券会社の中には、18歳未満の若い人のために、口座開設ボーナスや、大人よりも高い金利を提供しているところもある。

銀行や証券会社が、若い人のためにわざわざこのような特典を用意しているのは、資産形成をなるべく早く始めてもらいたいからだ。早く資産形成を始めれば、本人にとって有利になるのはもちろんのこと、金融機関も長年にわたる忠実な顧客を確保することができる。

証券口座を開いたら、次は投資のための資金を貯める。そのとき、ただ普通預金の口座で貯めるよりも、マネー・マーケット・ファンド（MMF）など、少しでも金利の高い手段を活用するのがおすすめだ。MMFは投資信託の一種で、コマーシャルペーパー(CP)やアメリカ国債など、流動性が高くて安全な資産で構成されている。連邦政府による預金保護の対象にはなっていないが、投資対象の国債に政府の保証があったり、あるいは投資会社が独自にMMFに保険をかけていたりするので安全性は高い。

コマーシャルペーパー（CP）とは、企業が短期の資金調達のために発行する無担保の手形のことだ。CPを発行できるのはある程度の信用力がある企業だけであり、返済までの期日も短いので（たいてい1カ月から2カ月）、流動性が高く安全な資産とされている。

MMFは流動性が高く（必要になったらすぐにお金が引き出せるということ）、金利も

普通預金より高いことが多いので、当面は投資に回さないお金があるならとりあえずMMFに預けておくのがおすすめだ。

証券口座を開くことが大切な理由は、それが投資を始める正式な第一歩になるからだ。意外に思うかもしれないが、若い投資家から話を聞くと、投資でいちばん難しかったのは、個別株を選ぶことでも、投資信託を買うことでも、投資のための資金を貯めることでもなく、「証券口座を開いて、そこに資金を移す方法を理解すること」だという。

初心者のための資産形成プラン：ステップ3

最終段階のステップ3では、**貯めたお金に働いてもらいながら、働くお金をさらに増やしていく。**これはどんな種類の投資を選ぶにしても大切なことだ。

若いうちから貯金と投資を始め、そのよい習慣をずっと続けていれば、数十年後にはびっくりするほどの大金になっている。たとえば仮に、100ドルの資金を元手に投資を始め、それから毎月10ドルずつ積み立てていくとすると、平均の年利が4％なら、20年後には３８９０ドルになっている。ちなみに株式市場の長期的な平均利回りは年に７％なので、４％は控えめな数字だ。元本は２５００ドルということを考えると、これは悪くないリターンだ。

そして、お金をたくさん貯めて元手を増やすほど、リターンも大きくなる。１００ドルの資金を元手にして、今度は毎月50ドルずつ積み立てながら、年間の利回りが平均して５％で運用したとしよう。これを20年間続けると、あなたのお金は２万８２２ドル95セントまで増えている！

さらに、これを５％ではなく、株式市場の平均利回りである７％で運用すると、最終的な金額は２万６４５０ドルだ！

簡単に説明すると、**投資の成功でカギを握るのは、長く投資すること、コツコツ積み立てること、そして市場の利回り**だということだ。

なぜこんなことが可能なのだろう？　そのしくみは、「複利」という一言で説明できる。複利は本来、銀行預金など、元本に決まった利子がついていくときの考え方だが、投資の利回りでもしくみは基本的に同じだ。

複利

複利とは、あなたが受け取った利子に、さらに利子がつくことだ！

想像してみよう。たとえば仮に100ドルを利率5％の口座に入れて、そのまま放っておいたとする。そのお金は毎年5％の利子を稼ぐ。1年後、口座のお金は105ドルだ。そして2年後になると、最初の100ドルではなく、利子を足した105ドルにさらに利子がつくので、口座のお金は110・25ドルになる。3年後にはその110・25ドルに5％の利子がつく。

このように、お金が雪だるま式に増えていくのが複利のすごいところだ。複利はまさに、銀行から私たちへのすばらしい贈り物といえるだろう。

大富豪のジョン・D・ロックフェラーは、複利のことを「世界の8つ目の不思議」と呼んだ。偉大な物理学者のアルバート・アインシュタインも、「複利は人類最大の発明だ。なぜなら、体系的で確実な資産形成を可能にしたからだ」といっている。アインシュタインのいう通りだ。**複利は資産形成の心強い味方であり、複利を活用すれば、誰でも簡単**

に、かつ効率的に、資産を増やすことができる。

複利にはもう1つ、**「お金を放っておける」**という利点もある。お金を銀行口座に預けたり、投資信託を買ったりしたら、後は放っておくだけでお金が雪だるま式に増えていくので、あなたは何もしなくていい。投資の複利効果が働くシチュエーションには2種類ある。株や投資信託などの金融商品そのものが値上がりする場合と、金融商品の配当や分配金を再投資に回す場合だ。最初に投資したお金が値上がりし、さらに積み立てた分や、配当や分配金を再投資した分も値上がりするのだ！

一般的に、お金持ちになるためには、複雑で投機的な投資で一発当てるしかないと思われているが、実際は違う。お金持ちは、「ただ株に投資している」だけだ。重要なポイントは、買った株を長期にわたって保有することと、なるべく手数料や税金を払わないこと。

そしてもちろん、この戦略はあなたにも有効だ。少なくとも現時点では、多額のお金を投資に回せるわけではないかもしれないが、運用していればそれだけでお金が増えていく。それにもしかしたら、このまま着実に貯金と投資を続けていれば、資産100万ドルだって夢ではないかもしれない！

インフレーション、デフレーション、生活費

「ただ生きるだけならお金はかからない」と思うかもしれないが、そんなことはない。ただ生きるためのお金は、「インフレーション（インフレ）」、あるいは「デフレーション（デフレ）」という形で支払うことになる。

インフレーション

簡単にいえば、**インフレとは、以前にある金額で買えていたものが、同じ金額では買えなくなるということ**だ。たとえば、数年前まで映画のチケットは7ドルだったが、今では同じ映画館でも10ドル出さないとチケットが買えないというような状況がインフレだ。

これはお金の価値が下がることなので、結果的にあなたの購買力も下がる。そのためイ

インフレーション
Inflation

ンフレになると、ただ持っているだけのお金はどんどん価値が目減りしていく。

インフレとは、モノやサービスの価格が上昇することであり、どれくらい上昇したかをパーセンテージで表した数字を「インフレ率」という。インフレ率を計測する方法はいろいろある。アメリカでは、一般的に「消費者物価指数（ＣＰＩ）」と、「生産者物価指数（ＰＰＩ）」が使われる。ＣＰＩは買い手（消費者）の側からモノやサービスの価格の変化を計測した数字で、ＰＰＩは売り手（生産者）の側からモノやサービスの価格の変化を計測した数字だ。

過度なインフレは経済に打撃を与える。インフレ率を下げる方法の１つは、金利を上げることだ。金利をコントロールするの

は国の中央銀行の仕事であり、アメリカでは連邦準備制度理事会（ＦＲＢ）がその役目を担っている。

デフレーション

デフレーション（デフレ）はインフレの正反対の現象だ。**デフレになると、物価が下がり、あなたの購買力は上昇する。**専門家の中には、「デフレはいいことだ」という人もいれば、反対に「デフレは悪いことだ」という人もいる。この問題についてはさまざまな議論があるが、絶対的な正解は誰にもわからない。

前項で述べたように、インフレは長い目で見れば資産運用に大きなマイナスの影響を与える。インフレはお金の価値を下げるからだ。その一方で、デフレでもまた長い目で見れば資産運用にはマイナスになる。

デフレはモノが売れないから起こる現象であり、モノが売れないのは景気が悪いからだ（特に車などの高いモノが売れなくなる）。景気が悪いと経済が成長せず、会社の業績も上がらない。その結果として株価が下がる。デフレのときは、利回りが保証された投資を選んだほうがうまくいくだろう。

超インフレ時代の心得

現在、世界中で起こっている極端なインフレは、消費者にとっても、投資家にとっても、さらには経済全体にとっても悪いものだ。**インフレ率が上がりすぎると、あなたが持っているドルや円の価値が下がることになる。**かつては10ドルで買えていたものが、インフレによって20ドルに値上がりするのは、10ドルの価値が半分になってしまうのと同じことだ。インフレで物価が上がると、生活費も上がる。その結果、投資に回せるお金も減ってしまうだろう。

インフレを抑制するのは中央銀行の仕事であり、たいていは金利を上げるという手段が選ばれる。私たち投資家は、中央銀行の対策に影響を与えることはできないが、自分を守ることならできる。そのときに大切なのは、やはり長期の視点で投資を継続することだ。

会社には、インフレから会社と利益を守る方法がある。それは一般的に、コストカットと値上げだ。消費者である私たちにとっては、コストカットはサービスの質の低下につながるかもしれないし、値上げも困る。しかし、投資家として考えるなら、これはむしろチャンスだ。コストカットや値上げによって会社の利益が上がれば、株価も上がるかもしれない。

長期的にインフレに勝つもっとも確実な方法は、インフレ率よりも高い投資利回りを稼ぐことだ。そして歴史をふり返れば、株式市場の利回りはほとんどの場合、インフレ率を上回ってきたことがわかる。つまり、長期の視点で運用に取り組み、しょっちゅう株を売ったり買ったりしなければ、高インフレの短期的な影響は避けられるということだ。

投資計画を立てよう

何かを達成したいなら、しっかりした計画を立てることが大切だ。当たり前のことではあるけれど、私たちは計画を先延ばしにしてしまいがちだ。計画がなければ、せっかくのチャンスを逃してしまうかもしれない。そして状況が悪くなったときは、打撃をもろに受けてしまう。投資をするなら、事前にきちんと計画を立てること。計画があれば、人生で予期しないことが起こったり、景気が悪くなったりしても、慌てずに対処することができる。

ここからは、基本的な投資計画の立て方を学んでいこう。経済の好不調に関係なく、いつでも頼りにできるような計画だ。

投資で成功したいなら、事前に計画を立て、さらに何があってもその計画を守らなければならない。計画があれば、景気がどんな状態でもパニックを起こさず、一文無しになってしまうような事態を避けることができる。

ここで**大切なことは、計画を守り通す意志の強さだ。たとえ本能は「計画なんか捨ててしまえ」と告げていても、その声に惑わされてはいけない。**株式市場は、毎日のように上がったり下がったりをくり返す。それでもあなたは計画を守り、その場の雰囲気で売買したくなる誘惑に勝たなければならない。

計画を紙に書き、計画を守り、計画通りにきちんと行動する。ここで先延ばしは厳禁だ。それができないなら、投資で成功するのも不可能だ。

投資の期間を決める

投資のリターンの大半は投資にかけた時間で決まる。そのため計画を立てるときは、まず投資にどれくらいの期間をかけられるのか考えよう。資金を引き出すのは何年後になるのか？　投資をいつまで続け、いつになったらすべて現金化するのか？「初心者のための資産形成プラン」ステップ1で紹介したように、投資の期間は大きなライフイベントに合わせて決めていくことがポイントだ。

まず大切なのは、投資の目的を明確にすることだ。たしかにお金はあったほうがいいのだが、だからといってただ貯めればいいというわけでもない。貯金、投資、消費、寄付などを行いつつも、稼いだお金を使って楽しむことも大切だ。

浪費や身の丈に合わない贅沢はよくないが、たまには自分へのごほうびとして派手に散財するのもいいものだ（ここで大切なのは「たまには」という部分だ）。

あなたが稼いだお金なのだから、あなたが使うのは少しも悪いことではない。人生は一度きりだ。だからせっかく築いた富を楽しみ、欲しいものを買おう。

投資をする理由はたくさんある。もちろん、いちばんはお金を増やすことだろうが、それ以外にも、たとえば長年の夢をかなえるために投資をするという人もいるだろう。投資で増やしたお金で車を買いたいのかもしれないし、家を買いたいのかもしれない。車も家も大きな買い物だ。もしかしたら、一生でもっとも大きな買い物になるかもしれない。

夢や目標は、賢い投資の計画に欠かせない要素だ。まずはじっくり時間をかけて、自分の夢や目標を紙に書いてみよう。生涯をかけて追求したい趣味はあるだろうか？　目標にしているキャリアは？　夢や目標は、投資を始める大きな理由になる。

カギは人生設計、投資期間、投資の目標

投資計画を決めるときに大切なのは、人生設計、投資期間、投資の目標だ。それに、何にどれくらい投資するかという「資産配分（アセットアロケーション）」も決めなければならない。資産配分とは、簡単にいえば、株式や債券や現金をどれくらいの割合で保有するかということだ。株式、債券、現金といった「資産クラス（アセットクラス）」のうち、何をどれくらいの割合で保有するかを決め、そして定期的にポートフォリオを調整して決めた割合を守るようにする。

資産クラスとは、株式や債券、現金といった投資対象の分類のことだ。どの資産クラスをどのように組み合わせるかは、投資の目標や、自分のリスク許容度などによって決まる。自分の資産配分が決まったら、今度は人生設計、投資期間、投資の目標に従って具体的な投資の対象を選んでいく。

たとえば、2年以内に車を買う計画なら、5年満期の定期預金を選ぶのは間違っている。あるいは、10年以内に家を買う計画なら、銀行預金よりも大きなリターンが期待で

き、さらに10年という長い期間を最大限に生かせる投資対象を選びたい。

長期のバイ・アンド・ホールド（買った投資商品をずっと持っていること）を考えているなら、きわめてリスクの高い投機的な株を買うのはやめたほうがいいだろう。お金を失う可能性が非常に高いからだ。ヘタをすると一文無しになってしまうかもしれない。

自分に最適の資産配分を編み出し、その配分の中で正しい投資対象を見つけるまでには時間がかかる。しかし、チャンスはいたるところにある。市場や経済の動向をしっかり観察していれば、さまざまな形をしたチャンスを見抜けるようになるだろう。

分散投資

投資で成功し、目標を達成して夢をかなえた人生を楽しみたいなら、カギになるのは分散投資だ。現代ポートフォリオ理論（MPT）でノーベル経済学賞を受賞したハリー・マーコウィッツも、**「リスクを減らしてリターンを増やす方法は多様な資産クラスに分散して投資することだ」**といっている。分散は投資の成功に欠かせない。

あなたの投資計画にも、分散投資を組み込まなければならない。これまで専門家たちが何度も計算した結果、分散投資の正しさはすでに証明されている。現にハリー・

マーコウィッツはそれでノーベル賞を受賞した。

いうまでもないことだが、何か1つの投資対象にお金をすべてつぎ込んだ場合、それがダメになったときにすべてを失うことになる。そこまでなら誰でもわかるが、マーコウィッツは多くの人が気づいていないことを数字で証明してみせた。

簡単にいえば、こうだ。利回りの高いものばかりを追いかけるのは、一見すると高いリターンにつながりそうだが、長い目で見れば、期待できるリターンが予想されるリスクの大きさに見合わなくなるのだ。逆にリスクを避ける戦略を取ることもできるが、それもやりすぎるとかなりのリターンを失うことになり、結果的に安全ではなくなってしまう。

そこで必然的に、投資対象を分散すればいいという結論になる。さまざまな資産クラスに投資すれば、リスクを減らしながら大きなリターンを期待することができる。これが分散投資という考え方だ。**投資の対象をどのように分散するかで、成功、失敗が決まる。**

現金はなぜ、王様なのか

現金はとても大切だ。そんなことは当たり前だと思うかもしれないが、なぜ現金は大切なのか、あなたはきちんと説明できるだろうか？　答えは、**流動性が高い**からだ。お店で何かを買うときに、株や債券で支払うことはできないが、現金ならいつでも支払いに使うことができる。これが、流動性が高いということだ。

ネット証券の口座や銀行口座にどれだけ資産があっても、資産残高のスクリーンショットや、銀行アプリの口座残高を見せたところで、現金の代わりに使うことはできない。たとえ億万長者でも、現金がなければ、スーパーで買い物もできないし、ガソリンスタンドで給油もできないということだ。

これはポートフォリオの大切な原則でもある。**ポートフォリオには、普通預金などの形でつねに現金を組み込んでおかなければならない。**そうすれば、現金が必要になったらすぐに使うことができる。

あなたはここで疑問に思っているかもしれない。「これは投資をすすめる本なのに、なぜ現金は王様だなどというのだろう」と。

株や投資信託と違い、現金は市場の乱高下に巻き込まれない。たとえば、新型コロナウイルスのパンデミックや、リーマン・ショックのときは、株価が大暴落して投資家は大きな痛手を受けた。そんなときでも、ポートフォリオにきちんと現金が組み込まれていれば、必要なものをその現金で買うことができる（ちなみに、買うものの中には株も含まれる。株価の暴落は、バーゲン価格で株を買うチャンスでもあるからだ）。あるいは、このような時期に辛抱強く現金を持ち続けていれば、次の投資のチャンスを確実につかむこともできるだろう。

また、ポートフォリオの「現金」の中には「現金同等物」も含まれることがある。現金同等物とは、現金と同等にきわめて流動性が高く、いつでも簡単に現金化できる金融商品のことで、ＭＭＦやアメリカ国債などが含まれる。

毎月の貯金計画を立てる

投資計画の最後のパートは毎月の貯金計画だ。貯金のルールが決まっていれば、着実にお金を増やしていくことができる。とりあえず、普通預金でも定期預金でもＭＭＦでもいいので、利子のつく口座にはつねにお金を入れておくようにしよう。株や投資信託の投資でハイリターンを狙っている間も、それらの口座に入ったお金は複利で着実に利子を稼い

毎月の貯金計画
A Monthly Savings Plan
普通預金に
月××ドル、
MMFに
月××ドル…
MMF
定期預金
普通預金

でくれる。

毎月の貯金計画は必ず立てなければならない。そうでないと、毎月入ってきたお金をすべて使い切ってしまうことになる。すでに学んだように、複利の力はたしかに絶大だが、複利の力を活用するにはまず元手を貯める必要がある。**週に100ドルでも、月に100ドルでもいいので、決まった額をきちんと積み立て貯金することが投資の第一歩だ。**

ドルコスト平均法――資産形成のイノベーション

資産形成のもう1つの方法は「ドルコスト平均法」だ。**ドルコスト平均法とは、同じ投資商品を、同じ金額ずつ、同じペースで淡々と買い続ける投資法**のことをいう。これはとても簡単で、なおかつとても賢い方法でもある。買う金額が一定していると、その投資商品が値上がりしているときは少なく買い、値下がりしているときは多く買うことになるので、全体としてはある一定期間におけるその投資商品の平均額よりも安く買うことができるのだ。

ドルコスト平均法を数字で確認してみよう。たとえばAというインデックスファンドを毎月100ドルずつ買うとする。それを半年続けた結果は次ページの図4のようになる。

インデックスファンドAを買うのに使ったお金は全部で600ドルだ。そしてその半年間のファンドAの平均額は11・25ドルだった。一方でドルコスト平均法では600ドルで63口のファンドを買えたので、1口あたりの平均購入額は9・52ドルになる。

インデックスファンドAを毎月100ドルずつ買い続ければ、購入金額の平均を低く抑

図4 ドルコスト平均法でAというインデックスファンドを毎月100ドルずつ買うと……

購入月	どれくらい買ったか
1月	1口10ドルで100ドル分購入＝10口
2月	1口12.50ドルで100ドル分購入＝8口
3月	1口5ドルで100ドル分購入＝20口
4月	1口10ドルで100ドル分購入＝10口
5月	1口20ドルで100ドル分購入＝5口
6月	1口10ドルで100ドル分購入＝10口

えながら、資産を着実に増やすことができる。インデックスファンドAは、値上がりすることもあれば、値下がりすることもある。それでもあなたが資産を増やせる可能性は高い。なぜならインデックスファンドは、長い目で見ればたいてい右肩上がりになるからだ。

ドルコスト平均法を数字で理解しようとすると、たしかに複雑すぎてわかりにくいと感じる人もいるかもしれない。しかし、理解できるかどうかは、ここではとりあえず関係ない。**ただ自分が無理なく出せる金額を決め、その金額で同じ投資商品を同じペースで買い続ければいい**だけだ。ペースは毎月でもいいし、毎週でもいい。

「同じペースの積み立てを長く続けるなんて面倒だ。その面倒に見合ったリターンは期待できない」と考える人もいるが、それは間違いだ。むしろリスクを低く抑えながら大きなリターンが期待できる。

ドルコスト平均法におすすめの投資商品は投資信託だ。

特にインデックスファンドと、インデックスファンドを株式のように取引所に上場したETFは、ドルコスト平均法ともっとも相性がいい。

インデックスとは「市場指数」という意味で、株式や債券などの市場全体の指数の値動きに連動している投資信託をインデックスファンドと呼ぶ。指数にはさまざまな銘柄が含まれているので、インデックスファンドやETFを買うだけで、ほぼ理想的な分散投資を実現できるようになっている。

ドルコスト平均法に向かない投資商品もたくさんある。たとえば、ペニーストック（1株あたりの株価が異常に安く、1ドル未満の株）は極端にリスクが高く、流動性も極端に低いので、ドルコスト平均法には適さない。だから「絶対に値上がりするペニーストック」などという情報を誰かに教えてもらったとしても、ドルコスト平均法で長期にわたって投資するのは間違っている。ドルコスト平均法に向いているのは、リスクがある程度計算できて、長い目で見れば右肩上がりになるとわかっている投資商品だ。

ただし、いくらドルコスト平均法でも資産が必ず増えるわけではない。投資しているファンドや株が値下がりすれば、当然ながらあなたの資産も減る。ドルコスト平均法の利点は、値下がりしたときに多く買うことができるので、後で値上がりに転じたときの値上がり益が大きくなることだ。インデックスファンドなど長期投資に向いている投資商品なら、ずっと持っていればいずれ値上がりする。一時的に値下がりしてもパニックを起こさず、辛抱強く待っていよう。

ドルコスト平均法は、さまざまな株式や投資信託で有効な投資法だ。また、若い人から年配の人まで、あらゆる年代におすすめできる。ドルコスト平均法は相場の上下をうまく利用するので、リスクを軽減することができる。ある意味では、これもまた分散投資の一種といえるだろう。ただ、分散する対象が「資産クラス」ではなく「時間」だという違いがあるだけだ。投資対象が値下がりしたらたくさん買い、値上がりしたら少なく買うことで、長い時間をかけて購入価格を低く抑えていく。

元本を減らしてしまう可能性が非常に高い投資や、リスクが高いわりにはリターンが低いとわかっている投資をわざわざやりたい人はいないだろう。自分の投資目標やリスク許容度に基づいて、それぞれが最適なリスクとリターンのバランスを見つける必要がある。にもかかわらず、私の知る限りでは、リスクに見合ったリターンが期待できない投資に走ってしまう投資家があまりにも多すぎる。その点、**ドルコスト平均法であれば、株式や投資信託の全体的なリスクを低く抑えることができる。**

第2章で学んだ大切なこと

本章で学んだ大切なポイントをおさらいしよう。

- 計画は大切だ！　投資をするなら、必ず最初に計画を立てなければならない。投資の具体的な目標、投資期間、自分のリスク許容度に基づいて、自分に合った資産形成プランを考えよう。

- どうやって資産を形成するかは人によって異なるが、一般的に若い人に合った方法は存在する。若い人であっても、インデックスファンド、ＥＴＦ、銀行預金など、世間からは「退屈な投資」と呼ばれる投資商品もポートフォリオに組み込まなければならない。そして、複利の力とドルコスト平均法を活用して資産を増やしていく。

- インフレとデフレは資産形成にマイナスの影響を与えることがある。普段からインフレとデフレのリスクに備えて対策をしておかなければならない。

- ドルコスト平均法は、投資の全体的なリスクを抑えながら大きなリターンが期待できる効果的な投資法だ。

- ドルコスト平均法は長期投資にもっとも適した方法の１つであり、投資のリスクを抑えて市場のボラティリティ（市場が変動するリスクのこと）に対するヘッジにもなる。

第3章

The Teenage Investor

株式投資の基本

ブルマーケットとベアマーケット
Bull Markets and Bear Markets

さあ、それでは株式の話をしよう。株式とはいったい何なのか？　あなたのような若い人も、株式投資でお金を儲けることはできるのだろうか？

１９９０年代の後半に入ると、株式は投資家の「最良の友」という地位を獲得した。ときには資産が５００％以上も増える場面もあったので、アメリカ人はすっかり株に夢中になった。１９９０年代は技術革新が大きな経済成長につながり、それにともなって株価も指数関数的に上昇した。

しかし、この株価の急上昇は、最終的には大惨事につながることになった。２０００年代初頭にインターネットバブルが崩壊すると、株式市場も投資家の信頼を失って大暴落してしまう。この株式市場の乱高下は、２００７年８月のパリバ・ショックから２００８年９月にかけての金融混乱期、そしていわゆるリーマン・ショックまで何度もくり返された。

リーマン・ショックで金融システムは崩壊寸前まで追いつめられたが、その後は株価が急激に回復し、２００９年に始まったブルマーケット（訳注４）はついに史上最長を記録した。しかしそれも、新型コロナウイルスのパンデミックで終わりを告げる。

投資家である私たちは、こうした一連の流れから何を学び取ればいいのだろうか？　この章を読みながら答えを探っていこう。

株式

株式とはいったい何だろう？　ごく簡単に説明すると、**株式（単に「株」とも呼ばれる）を保有するのは、その会社の一部を保有するのと同じこと**だ。会社の何％があなたのものになるのかは、保有する株式の数で決まる。

たとえば、あなたが仮にアップル（ＡＡＰＬ）の株を10万株買えたとしても、あなたの

訳注4　ブルマーケットとは強気の値上がり相場のことだ。「ブル」とは牡牛のことで、突き上げた角が上げ相場を連想させるのでこう呼ばれるとされる。なお、その逆の弱気相場はベアマーケット（「ベア」は熊のこと）と呼ばれる。

持分はアップル全体のわずか1%にもはるかに及ばない。なぜならアップルが発行している株の数は、全部で約159億8000万株にもなるからだ。ところが、これがナノテクノロジー関連メーカーのNVE社（NVEC）になると、10万株を持っていれば会社全体の1%以上を保有することになる。NVEが発行する株の数はアップルよりはるかに少なく、全部で約483万株しかないからだ。

株を持っている人は「株主」と呼ばれ、株主にはある一定の権利が認められている。たとえば、経営陣が何かを決めるときは、株主にも投票する権利（議決権）がある。

第1章で学んできたように、株式には「普通株」と「優先株」の2種類がある。普通株を持っている人は、議決権をはじめとする基本的な権利が与えられる。優先株を持っている人は、たいていの場合、普通株よりも高い配当金をもらえるが、会社の利益の分配は受けられない。その意味で、優先株は株式よりも社債に近いといえるかもしれない。それに加えて、会社が破産した場合は、優先株は普通株に優先して資金を回収することができる。

普通株にも優先株にもいい面と悪い面があり、どちらを選ぶかは、個々の状況や投資の目標によって変わってくるだろう。

個人投資家と機関投資家

基本的に、この世界には2種類の投資家がいる。「個人投資家」と「機関投資家」だ。あなたや私は、個人投資家のほうに入る。個人投資家は大金持ちというわけではなく、ほとんどの場合、限られたお金しか投資に回すことはできない。一方で、機関投資家は大金を持っている人たちだ。**機関投資家は自分のお金を運用するのではなく、他人から預かったお金や基金を運用する。**年金基金の運用を担当するファンドマネジャーや、保険会社などの大手金融機関が機関投資家になる。

長年、ウォール街の主役は機関投資家だった。彼らはたいてい、私たちよりも早く情報を手にすることができる。しかし、インターネットなどの情報収集ツールの発達や、証券取引に関する新しい法律の制定にともない、個人投資家と機関投資家の差はなくなってきた（とはいえ、それでも機関投資家は巨大な力を持ち、一定の優位性は保っている）。

個人投資家はさらに3つのカテゴリーに分類できる。「パッシブ投資家」、「アクティブ投資家」、「レギュラー投資家」だ。

株に投資する人の多くはパッシブ投資家に分類される（パッシブは「受け身的」という意味）。パッシブ投資家は、金融や経済のニュースをそこまで熱心に追いかけているわけではなく、ポートフォリオの見直しもごくたまに行う程度だ。

対してアクティブ投資家と呼ばれる人たちは、文字通り積極《アクティブ》的に市場に参加している。彼らは毎日の市場の値動きに敏感に反応し、デイトレードを行うこともある。あるいは、金融や経済のニュースを積極的に追いかけ、ポートフォリオの見直しを頻繁に行っている人もいる。

アクティブ投資家の中には、市場の値動きに反応するのではなく、定期的に取引を行う人もいる。たとえば、ただドルコスト平均法で淡々と買い続けているなら、つねに取引を行っているので、ある意味でレギュラー投資家でもあり、アクティブ投資家でもある。

一方で、本当の意味でのレギュラー投資家もいる。彼らは日々のニュースにアンテナを張り、勉強やリサーチも怠らず、自分の頭で考えて投資判断を行う。

パッシブ投資家、アクティブ投資家、レギュラー投資家を比較してみると、アクティブ投資家には、リスクを取りすぎたり、利益が手数料で消えてしまうほど取引をやりすぎたりするという問題があり、パッシブ投資家には、積極的に情報収集をしないために、絶好のチャンスを逃してしまうかもしれないという問題がある。**この3種類の投資家の中で、最高の投資家とされているのはレギュラー投資家だ。**とはいえ、自分がどの投資家に向いているかは、性格や、取れるリスクの種類によって決まる。

株はどのように買うのか

ここまで読んで、株がどんなものか、大まかに理解できただろう。すると次に知りたくなるのは株の買い方だ。**いちばん簡単なのは、オンラインの証券会社（ネット証券）で買うこと**だ。あるいは、もっと手厚いサポートが必要なら、米国の金融業規制機構（FINRA《フィンラ》）に登録している株式の仲買人やファイナンシャル・アドバイザーを通して買うという方法もある。

手順を説明しよう。まず、証券会社の口座を開設する。ここではほとんどの人が有名な証券会社を選ぶ。そのほうが信頼できて、安心だからだ。たとえば、チャールズ・シュワブ、フィデリティ、ロビンフッドなどを選ぶ人が多い（訳注5）。

証券会社で口座を開き、銀行などから資金を移したら、もう株を買うことができる。ネット証券であれば買い方は簡単だ。自分のアカウントにログインし、買いたい株や投資信託のティッカーシンボル、または名前を入力して検索する。それから買いたい数量や金額を入力し、注文ボタンを押すだけだ。

一般的に、株の売買には2種類の注文方法がある。

1つの注文方法は**「成行《なりゆき》注文」**だ。投資家が成行注文を出すと、仲介する証券会社は、その時点で取引できる価格のうち、もっとも有利な価格で取引を成立させようとする。つまり、買い注文であればできるだけ安い価格を狙い、売り注文であればできるだけ高い価格を狙うということだ。成行注文の場合、証券会社の仕事はほとんどない。そのため、一

訳注5 日本の投資家に人気のあるネット証券には、楽天証券、SBI証券などがある。

般的に委託手数料はとても安くなる。ネット証券であれば手数料が無料になることも多い。成行注文であれば必ず取引が成立する（委託手数料とは、取引を成立させてくれた証券会社に払う手数料。売買の値段、または売買した株式の数などによって決まる。「取引手数料」、「売買手数料」、「仲買手数料」とも呼ばれる）。

もう1つの注文方法は**「指値《さしね》注文」**と呼ばれている。ある程度まで取引を自分でコントロールすることができるので、たいていの人はこちらの注文方法を好む。指値注文であれば、売買する株の数と価格を自分で指定することができるし、注文を継続させる期限も決めることができる。証券会社が売買を実行するのは、株価が指定された価格か、それよりも有利に（売り注文なら指値よりも高く、買い注文なら指値よりも安く）なったときだ。

私のおすすめは指値注文だ。手数料は成行注文より少し高くなるが、それでも取引を自分でコントロールできる範囲が大きくなったほうがいいだろう。ほとんどの投資家も指値注文を好む。特に取引量が少ない株や、値動きの激しい株は指値注文が有利だ。

成行か指値のどちらかで注文を出し、そして取引が成立したら、取引された価格と数量を含む詳細な結果が画面に表示される。

多くの証券会社は、自社のウェブサイトを通してオンラインでも株の売買ができるサービスを提供している。たいていの場合、ネットでの取引のほうが人間の仲買人を通すよりも手数料が安くなる。人間の仲買人に株の売買を代行してもらうと、その分だけ手数料が高くなるからだ。一方で、チャールズ・シュワブやTDアメリトレードといった会社を通してネットで株の売買をする場合、仲買人に払うよりもはるかに安い手数料ですむ。

委託手数料は証券会社や仲買人によって大きく異なる。そのため、**ネット証券を使うにしても、人間の仲買人に頼むにしても、事前に手数料の額を確認しておくことが大切だ。**それに、手数料は他にもあるかもしれないので、手数料の種類と総額をすべて調べてから注文を出そう。

どの株を買えばいいのか

株の初心者からよく尋ねられる質問は、「どの株を買えばいいんですか?」だ。**いちばん大切なのは、「自分でよく調べること」だ。**自分のリスク許容度や、自分に合った資産配分を知り、それに基づいてどの株を買うかを決めなければならない。

本章では、自分に合った株の見つけ方を見ていこう。さらに第10章では本章で学んだ内容の応用編として、値上がりする可能性の高い株を見つけるための「リサーチ術」について解説している。

すべての投資家が「投資で儲ける」ことを目指している。しかし、目標は同じでも、事情は人それぞれだ。投資にかけられる時間や、投資したい会社の今後の見通し、自分が選んだ投資方法の状況に基づいて、売買の判断をしなければならない。

たとえば、あなたが70歳であれば、値動きの激しい小型株（規模の小さい公開会社の株。次項にある説明を参照）に投資したいとはあまり思わないだろう。投資した額の一部、または全部を失ってしまう可能性があるからだ。一般的に、年配の投資家にはやや保守的な投資のほうが適している。投資で損失が出ても、時間をかければ取り戻せるかもしれないが、年配の投資家にはその時間がないからだ。

その一方で、もしあなたが15歳なら、資金の100％をMMFやアメリカ国債に投資するような安全策はとりたくないだろう。15歳なら損失を取り戻す時間が十分にあるので、そこまで保守的になる必要はない。

つまり、**株や債券などの証券に投資するときは、さまざまな要素を考慮して判断する必要がある**ということだ。ある証券をどれくらい長く保有するか、投資期間は何年かということも、考慮すべき要素に含まれる。投資の計画を立てるときは、第2章でも見たよう

図5　自分の年齢と、保有期間、投資期間を計画表に書き込もう

年齢	歳
証券を保有する期間	年
投資期間	年

に、自分の年齢と、保有期間、投資期間を計画表に書き込もう（上の図5を参照）。

仮にあなたが15歳で、何らかの証券を20年保有するつもりなら、その条件に合った証券を見つける必要がある。たとえば、小型株や中型株のインデックスファンドや、きちんとリサーチして選んだ小型株と中型株の組み合わせなどが候補にあがるだろう。どちらを選んでも、ドルコスト平均法（84ページ）で着実に積み立てていけば、長期的にはかなりいい結果になる可能性が高い。

多くの人が引退したいと考える60歳まで投資すると仮定すると、15歳の人の投資期間は45年だ。将来的に安定した会社に勤めるのであれば、おそらく会社に老後資金を積み立てるプログラムがあるだろう。自分で資金を出す場合もあれば、会社が資金を出してくれる場合、あるいは両方で資金を出す場合もある。

投資の対象は、個別の株式、投資信託、その他の証券などがあるが、それぞれの評価については長い目で見て考える必要がある。具体的な評価方法についてはまた後の章で詳しく説明する。

いずれにせよ、いざ投資をしようと決めたとき、まず気になるのは、その時点での市場と経済の状況だろう。しかし、ここでもっと大切なのは、より長期の視点を持つことだ。現時点での市場や経済の状況があまりよくないとしても、自分の投資期間に照らし合わせて考えてみよう。10年後、あるいは20年後に、市場や経済はどうなっているだろうか？

長期的な見通しは明るいと考えるなら、投資をする理由の1つになる。**長期投資の場合、投資先の会社に短期的な問題があっても、長期的には問題ないと判断できるなら、特に心配する必要はない。**物事を大局的に考えることが大切だ。

たとえば、アメリカの食品大手ゼネラル・ミルズ（GIS）のような会社に投資すると決めたのなら、食品・飲料業界全体の状況を見なければならない。投資家やアナリスト、その他の金融機関は、この業界の将来をどう見ているだろう？　需要が増えて業績が上がると見ているだろうか？　それともその逆だろうか？　そしてもちろん、その会社が利益を上げているのに越したことはないが、たとえそのとき不調であったとしても、そのことだけを理由として投資をあきらめるのは間違っている。

多くの場合、**会社のファンダメンタルズ（国や会社の基本的な経済状態・経営状態のこと）がしっかりしていれば、一時的な不調はあっても、長い目で見れば投資で利益を上げることができる。**株の「空売り（訳注6）」をしているなら話は別だが、一般的に投資家が

訳注6　空売りとは、株価が値下がりすると利益が出る取引方法のこと。ある株を金融機関などから借り、その時点の価格で売却し、値下がりしたところで買い戻して株を返却する。買い戻した額は、売却したときの額よりも安くなっているので、その差額が投資家の利益になる。

望むのは、会社、業界、経済全体のすべて、あるいは大部分が好調であることだ。

だからこそ、株を買う前に全体の状況について知っておかなければならない。**業界、経済状況、会社の成長力などについてよく調べてから投資することが大切だ。**

時価総額

株を分類するもっとも基本的な基準は時価総額だ。第1章でも説明したように、**時価総額とは、ある時点での株価に、その株が発行されている数をかけた数字**だ。一般的に、会社は時価総額の規模によって大型、中型、小型、超小型に分けられる（単純な大・中・小に加えて、「ジャイアント」「メガ」「ナノ」などの言葉が使われることもある）。

大型に分類される会社の株は大型株と呼ばれる。もっとも投資家の注目を集めるのがこの大型株だ。中型株と小型株は、よほど好調な業績を叩き出さない限り、あまり注目されることはない。それぞれの時価総額の規模と、リスクとリターンの関係は、次ページの図6の通りだ（具体的な金額はこれとは異なることもある）。

図6 リスクとリターンの関係

大型株	100億ドル以上。低リスク低リターン
中型株	20億ドル～100億ドル。中リスク中リターン
小型株	5億ドル～20億ドル。高リスク高リターン

上の図6を見ればわかるように、**一般的には会社の規模が大きくなるほどリスクが低くなり、それにともなって期待できるリターンも低くなる。**ここでもまた、自分が求めるリターンと、自分が許容できるリスクを明確にしておくことが大切だ。

大型に分類される会社は、たとえばジョンソン・エンド・ジョンソン（JNJ）がある。ジョンソン・エンド・ジョンソンは医薬品や医療機器などを製造する巨大企業で、長い歴史を誇り、業界内での地位も高い。全世界的に認められた優良企業だ。ジョンソン・エンド・ジョンソンの時価総額は、これを書いている2022年12月の時点で約4594億ドルになる。

ジョンソン・エンド・ジョンソンのような優良企業はブルーチップ（41ページ）と呼ばれる。第1章で学んだように、ほとんどの場合、ブルーチップとされるのは、長い歴史と伝統を持ち、広く尊敬を集める企業だ。**一般的に、ブルーチップの株は大型株に分類される。**

中型に分類される会社も、たいていは有名で誰もが知るブランド力を持っているが、規模感は大型の会社ほどではない。たとえば、電子署名サービスのドキュサイン（DOCU）などが中型に分類される。近年は重要な書類を扱う場面の多くで、手書きの署名の代わりに電子署名が使われるようになってきた。手間がかからず、環境にも優しいからだ。

小型に分類される会社は、中型や大型の会社よりもリスクは高いが、今後大きく成長する可能性もあるので、長期間にわたって保有するなら高いリターンを期待できるかもしれない（もちろん、会社が成長するのが条件だ！）。たとえば、インテリアやキッチン用品のセレクトショップを展開するウィリアムズ・ソノマ（WSM）などが有望な小型株に入る。ウィリアムズ・ソノマの時価総額は、本書を書いている時点（2022年12月）で82億ドルだ。

超小型に分類される会社はもっともリスクが高い。ほぼ、スタートアップか、あるいは新製品の製造資金が足りなくなっているような会社だ。超小型の会社は手に入る情報がとても少なく、株の売買も大型・中型・小型株ほど頻繁に行われないので実態がつかみにくい。

超小型の会社は、たとえばレイクランド・インダストリーズ（LAKE）などがある。これは業務用の化学防護服や作業服を専門とする衣料品メーカーで、時価総額は本書を書いている時点で9438万ドルだ。一般的に、超小型株はもっともリスクが高いとされているが、同時に、莫大なリターンをもたらす可能性も秘めている。

新規株式公開（IPO）

株式を取引所で初めて売り出すことを「新規株式公開（IPO）」という。IPOの株は、超小型株と同じくらいリスクが高い可能性もあるが、もしかしたら大型株にもなれるかもしれない。

株が取引所に公開されると、一般の投資家がその株を自由に取引できるようになる。すると多くの投資家が売買に参加し、株価が急騰したり、急落したりするかもしれない。これが、IPO株はリスクが高いとされる理由だ。その一方で、特に世間の期待を集めるIPOの場合は、公開と同時に株価が一気に上昇してあっという間に大型株の地位を獲得することもある。

一般的に、若い会社や小さい会社が資金を調達するためにIPOを行う。IPOの株は

新規株式公開(IPO)
Initial Public Offerings
今日から自由に株の売買ができます
東証
NYSE

大きく儲けることも可能だが、投資家には大きなリスクを引き受ける覚悟も必要だ。

あなたは、マジック・エンパイア・グローバル（ＭＥＧＬ）のＩＰＯを覚えているだろうか？　これは香港に拠点を置く金融コンサルティング会社で、２０２２年の8月にＩＰＯを行ったところ、株価は４ドルから一気に２３６ドルまで急騰した。約５８００％の値上がりだ。

しかしその数日後、株価は１００ドルを切り、２０２２年12月の時点では１ドル84セント近辺で落ち着いている。そもそもそこまで有名な会社ではなかったのだが、ＩＰＯ直後の狂乱を見ると、新規に上場する会社はいやでも投資家やメディアの注目を集め、激しい取引にさらされるということがわかる。

新規に公開された株に投資したいのなら、IPO直後には手を出さず、1年くらい待ったほうがいい。マジック・エンパイア・グローバルの例を見ればわかるように、しばらくは株価の乱高下が続くかもしれないからだ。それに1年待てば、会社の決算や、会社の市場への反応を見てから投資の判断をすることができる。

1年待ち、ファンダメンタルズも堅調だと判断できたとしても、**IPO株に投資するときは、「株式を公開するという判断は本当にこの会社にとって正しかっただろうか?」と自分に質問することを忘れてはいけない。**この質問に対するあなた自身の答えが、投資の最終判断の助けになるだろう。

外国株は高リスク

アメリカや日本といった先進国は例外であるとしても、基本的に外国株はリスクが高い。まさに「ハイリスクハイリターン」の典型だ。もちろんすべての国々がというわけではないが、新興国や発展途上国の多くは、経済的・政治的に不安定な状態にあるからだ。
それに加えて、為替リスクもある。外国の会社の株を買うと、たとえ株価自体は好調でも、その国の通貨が弱くなったら、ドルに換算したときにかなり値下がりしてしまうかもしれない。

第1章に登場した外国投資の話を思い出してみよう。投資する外国が、先進国か、それとも新興国かで、投資のリスクとリターンの比率は大きく異なる。新興国とは、経済的にも政治的にも急成長しているような国のことだ。

外国株にも投資したいのなら、伝統的に安定している国を選んだほうがいい。たとえば、カナダ、ドイツなどだ。中国、インド、ブラジルなどの新興国にも挑戦するなら、まず広く分散されたポートフォリオを組み、新興国の割合はごく一部（たとえば10％以下）にとどめること。少なくとも最初のうちは細心の注意を払う必要がある。あるいは、**新興国の株式を集めたETFに投資するという方法もある。**これなら1つのETFを買うだけで新興国市場に幅広く投資することができる。

リスクとリターン

株や投資信託を販売する金融機関は、手数料や、投資にともなうリスクを、書面できちんと説明することが法律で定められている。契約書を読んだことがある人なら、投資にはさまざまなリスクがあることが想像できるだろう。

一般的に、ブルーチップの株は小さな会社の株よりもリスクが低い。小さな会社の中には、市場にそれほど製品を出していないところもあるが、一方で大企業と呼ばれる会社は数千もの製品を出していたりする。また、経済的にマイナスの出来事が起こった場合、小さな会社は大きな打撃を受けるが、ブルーチップはそれほど影響を受けないかもしれない。

このように、ブルーチップ投資はローリスクだが、それは裏を返せばローリターンという意味でもある。小さな会社はその逆で、リスクは大きいが、投資がうまくいったときのリターンも大きい。

リスクとリターンは、投資でもっとも大切な要素の1つだ。**株や債券などの証券を分析**

するときは、リスクとリターン双方のバランスについて慎重に考える必要がある。大きなリスクを取るなら、期待されるリターンも大きくなければならない。これが、第1章にも登場したリスクとリターンの比率（リスクリターン率）だ。リスクリターン率の分析をきちんと行わず、結果としてリスクは大きいのにリターンがほとんどない投資をしてしまう投資家も中にはいるので、くれぐれも気をつけてほしい。

51ページでも述べたように、一般的には投資の対象を1つに絞らず、いくつかに分散したほうがいいとされている。**資産を分散するのは、ポートフォリオ全体としてリスクとリターンのバランスを取ることが目的だ。**

バランスの悪いポートフォリオは、債券1％、株式99％などというように、中身がかなり偏っている。このポートフォリオでは、1％の債券が残り99％の株のリスクをカバーしてくれることは期待できないだろう。

この逆のパターンは、たとえば債券99％、株式1％で、しかも株はすべて大型株、債券はすべてアメリカ国債というようなポートフォリオだ。このポートフォリオでは、たしかに国債の利子という定期的な収入はあり、リスクもごく小さいが、債券と株式を半々にしたポートフォリオに比べればリターンもかなり小さくなる。

債券99％、株式1％のポートフォリオで期待できるリターンは、債券の利子と、株式から得られるいくばくかの配当金と値上がり益だけだ。ここでもまた、1％の株がもたらしてくれるリターンが、99％の債券のリターンの小ささを補ってくれることは期待できない。

投資で大切なのはバランスの取れた資産配分だ。**リスクが大きすぎるのはよくないが、まったくリスクを取らないのもよくない。**自分に合ったポートフォリオを組むには、自分のリスク許容度、投資期間、投資の目標などをよく分析する必要がある。しかし、個人的な意見をいわせてもらえれば、ある広告コピーの「もっとも大きなリスクはリスクを取らないことだ」という言葉が、やはりいちばん正しいのではないだろうか。

株を分析する方法

株式についてリサーチする方法は、数百、あるいは数千といえるほどたくさんある。その中身は、きわめて厳密なファンダメンタルズ分析から、どこか「眉唾もの」にも思えるテクニカル分析まで千差万別だ。株式の分析には、たしかに時間がかかる。しかし、時間をかけてきちんと分析すれば、その見返りはとても大きい。

ただし、ここで１つ忠告がある。それは、**分析がどんなに得意でも、少数の銘柄だけを持つのではなく、つねに多数の銘柄に分散したほうがいい結果につながる**ということだ。

詳しい分析の方法は第10章で説明する。とりあえず今のところは、株やその他の投資対象を分析する代表的な方法を見ておこう。投資をするなら、どんな投資法を選ぶにしても、必ずこれらの方法を理解しておかなければならない。

まず紹介するのは、もっとも有名だが、２０２０年から２０２１年にかけての「ミーム株（訳注７）」ブームの間はなぜか忘れられてしまった感のある「ファンダメンタルズ分析」だ。

訳注７　ミーム株とは、ＳＮＳなどインターネットで大きく注目され、株価が急上昇した銘柄のこと。ゲーム小売店のゲームストップ（ＧＭＥ）などが有名。

株を分析する2つの方法
The Two Types of Analysis

ファンダメンタルズとは、国や会社の基礎的な経済・経営状況のことをさしている。つまり、**会社の損益計算書、貸借対照表、キャッシュフロー計算書など、重要な財務の数字を分析するのがファンダメンタルズ分析だ。**ファンダメンタルズを分析すると、会社の経営状況や、将来の成長性を知り、現在の株価が適正か、それとも高すぎるか、安すぎるかといったことを判断できるようになる。

もう1つの方法は「テクニカル分析」だ。こちらはネット株のブームとデイトレードの隆盛で有名になった。**テクニカル分析とは、簡単に説明すれば、株価の値動きなどを示したチャートやグラフ、重要な指数などを駆使して値動きのパターンを分**

析し、そこから将来の株価を予測するという手法だ。値動きにはある程度、決まったパターンがあるので、パターンから正しい売り時や買い時を知ることができるという考え方が基盤にあり、多くの場合、短期の値動きを予測するときに使われる。

投資家が絶対に使わなければならないという分析法は存在しないが、**私なら、投資の初心者にはまずファンダメンタルズ分析を行うことをおすすめする。**会社の経営状況や、ビジネスの中身をよく知ることができるからだ。テクニカル分析のほうが自分に合っていそうだという人は、まずテクニカル分析の本を1冊か2冊読んでみるといいだろう。それから、本で紹介されていたチャートやグラフ、指数をインターネットで検索して、実際にどんなものか見てみよう。

分析の要は「利益」

投資のためにリサーチをするときに、要となる要素の1つが「利益」だ。ほとんどの会社が、四半期ごとに株主に向けて自社の利益を発表している。利益という言葉からだいたい予想はできるだろうが、これは**会社のすべての収入から経費を引いた数字**という意味だ。

利益は、投資家であるあなたが興味を持ついくつかの数字の根拠になっている。たとえば、1株あたりの利益（ＥＰＳ）は純利益をもとに計算される。これは、当期純利益を発行されている普通株の総数で割った数字だ。当期純利益が２００万ドルで、発行済みの普通株が４００万株なら、その会社のＥＰＳは０・５ドルになる。

ＥＰＳは利益よりも重要な数字だとされている。その理由は、ＥＰＳからはより正確な収益性を知ることができるからだ。ＥＰＳはそれ以外にも、実際の価値に見合った株価がついているか判断するときの基準として使われる。

株の分析に使う数字には、他にも株価収益率（ＰＥＲ）というものがある。ＰＥＲは、実際の株価がＥＰＳの何倍になっているかを表した数字だ。たとえば、Ｚ社の株価が50ドルで、第１四半期のＥＰＳが5ドルだとしよう。ＰＥＲは株価をＥＰＳで割った数字なので、この場合は10倍（50÷5）ということになる。

ＰＥＲは、その会社の過去の業績や、同業他社、あるいは市場全体のＰＥＲと比較するときに使われる。おそらく、ある株価が高すぎるか、それとも安すぎるかを判断するときにもっとも活用される数字だろう。アナリストはそれに加えて、将来のＰＥＲの予測も行

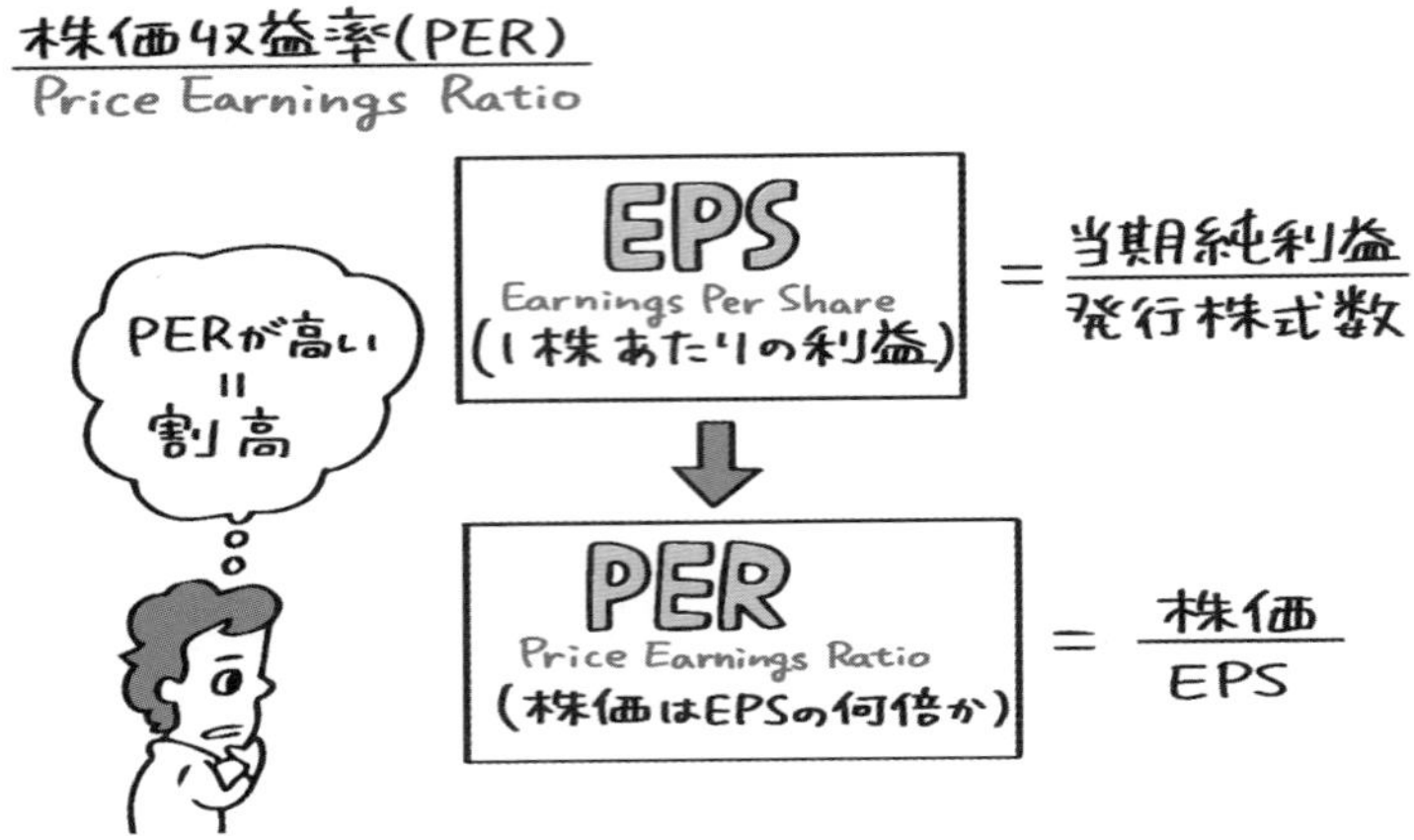

う（これは「予想ＰＥＲ」と呼ばれる）。予想ＰＥＲでわかるのは、次の４四半期にわたる会社の利益とＰＥＲだ。

おさらいすると、**ＰＥＲとは、実際の株価が、１株あたりの利益（ＥＰＳ）の何倍になっているかを表す数字だ。**つまりＰＥＲが高いほど、市場はその会社の利益に対してより多くのお金を払っている（より高い価格で株を買っている）ということになる。これは大切なことなのでよく覚えておこう。ちなみに、利益がマイナスの会社はＰＥＲがまったくない。

利益は、会社が株主に公開する財務情報の中でもっとも重要な数字だ。たしかに「利益はもはや重要ではない」という人も中にはいるが、それは間違いだ。投資家は

図7 アナリストと投資家の間で生まれる連鎖反応

シナリオ1	シナリオ2
・A社の決算で利益の減少が報告される	・A社の利益は増えるだろうとアナリストが予測する
・減益の情報を受けて、アナリストがA社の株の評価をダウングレードする	・投資家がA社の株を買う
・ダウングレードの情報を受けて、投資家がA社の株を売る	・A社の決算で増益が報告される
・A社の株価が下がる	・A社の株価が上がり、投資家は儲けることができる

将来の利益の予測に従って株を売買し、また実際の利益が発表された後にも、その数字に従って株を売買する。

投資に必要な情報を分析する人たちは「アナリスト」と呼ばれる。株式のアナリストも、利益の情報に従って株式を評価する（評価を上げることを「アップグレード」、逆に下げることを「ダウングレード」という）。このアナリストの評価をきっかけに、投資家が株を売ったり買ったりして、その結果として株価が上下する。この連鎖反応の具体例を挙げると、上の図7の「シナリオ1」や「シナリオ2」のようになる。

連鎖反応のシナリオはそれこそ無数にあり、図7で紹介した2つはほんの一部にすぎない。利益はある意味でごく単純な数字だが、それでもアナリストの中には独自の解釈を加える人がいるので、投資家はどうしても混乱してしまう。私からのアドバイスはこうだ。「アナリストたちの分析の平均値に注目し、そのうえで彼らに頼らず自分で判断しよう」

誰かがあなたに「利益はもはや重要ではない」といってくるかもしれないが、その言葉を信じてはいけない。実際、2000年代初頭にネット株バブルが崩壊し、NASDAQが暴落したときに、利益はやはり重要だということが証明された。当時、ほとんどのインターネット企業は利益がマイナスだったからだ。

ネット株バブルの最盛期にインターネット企業に投資した人たちは、この暴落で大金を失い、下がり続ける株価をただ呆然と眺めていることしかできなかった。利益がまったくなくても、数年なら会社は存続することができる。しかし、利益を上げたことが一度もないのなら、その会社が生き残るのは不可能だ。

「グロース株投資」と「バリュー株投資」

株式投資に深入りする前に、株式投資には2つのスタイルがあるということを知っておく必要がある。それは「グロース株投資」と「バリュー株投資」だ。

グロース株投資とは、成長率が平均よりも高い会社の株を買うことだ。グロース株を買う人は、会社の成長にともなって株価が大きく上がることを期待している。対して**「バリュー株投資」は、会社の実力と比べて株価が割安になっていると判断できる株を買う投資スタイルだ。**割安かどうかは、業績、財務状況、競合他社との比較などを見て総合的に判断する。

多くの投資家はグロース株投資のほうを好むが、バリュー株投資を選ぶ投資家もいる。たいていの場合、リスクの大きさはグロース株もバリュー株も同じだが、小型のグロース株と小型のバリュー株の中には例外もある。一般的に、小型のバリュー株は、小型のグロース株よりもリスクが大きい。なぜなら、時価総額が小さく、株価が割安だと判断される会社は、ひょっとすると財務状況が悪いのかもしれないし、破産寸前のところも中にはあるかもしれないからだ。一方で小型のグロース株は、まだ成長の初期段階かもしれないが、ある程度の資本は手元にある。

実際のところ、グロース株のほうがバリュー株よりリターンが大きいこともあれば、その逆の場合もある。**投資家は、バランスを考えて両方の株に投資したほうがいいだろう。**そうすればポートフォリオがより分散され、バリュー株かグロース株のどちらかが不調になっても、損失を最小限に抑えることができる。

何が株価を動かすのか

何が株価を動かすのか？　この問いについては実にさまざまな議論がある。たとえば、序章で学んだ**効率的市場仮説（ＥＭＨ）も株価の動きを説明する理論の１つだ。**簡単におさらいすると、効率的市場仮説とは、ある株について知られていることはすべて株価に織り込まれているという考え方だ。たとえば、ある会社が新しいビジネスを展開したとすると、その会社はプレスリリースを出し、市場もすぐにそのニュースに反応して株価が動く。

そこであなたは、こんなことを考えるかもしれない。「誰かがある会社の株価に影響を与えそうな情報を知っていて、まだその情報が一般には知られていなかったらどうなるだろう？　その人が未公開の情報に基づいて株の売買を行えば、大儲けできるのではないだろうか？」

たしかにその通りだ。しかし、それをやってしまうと、罰金を科されるか、最悪の場合は牢屋に入れられることになる。ある会社について、まだ一般には公表されていない情報を知っている人、たとえばその会社の幹部や、幹部の友人、知人、家族、あるいは一部の仲買人は、未公開の情報に基づいて株の売買を行うと、「インサイダー取引」の罪で訴えられることになる。インサイダー取引とは、ある証券に関する未公開の情報を知っている人、たとえば会社の幹部、アナリスト、仲買人などがその証券の売買を行って不当に利益を得ることだ。株式市場における公正な取引を阻害するという理由から、インサイダー取引は法律で禁止されている。

効率的市場仮説を信じる人は、ファンダメンタルズ分析（112ページ）を用いてバリュー株を探すのも、テクニカル分析を用いて市場の動きを予測するのも無意味だと考える。しかし、ここで気をつけてもらいたいのは、効率的市場仮説には賛否両論あり、絶対的に正しいわけではないということだ。

市場がどんな状態でも投資のチャンスはある。株価が上下するのは当然であり、好調なブルマーケットの後は、必ず不調なベアマーケットが訪れる。ここで**大切なのは、チャンスを見抜き、そのチャンスを自分の有利になるように活用することだ。**

心配で眠れない投資をしてはいけない

株式投資に向いている人もいれば、そうでない人もいる。投資をするときは、自分自身に次の2つの質問を必ずするようにしよう。

- この投資のせいで、心配で夜も眠れなくなるだろうか？
- この投資のせいで、投資やお金のことを考えていないときも自分が何らかの影響を受けるだろうか？

私からのアドバイスはごくシンプルだ。**心配でたまらないような投資なら手を出してはいけない。**もしもうすでに始めているならやめてしまおう。あるいは、心配にならないレベルまで投資の額を減らすという方法もある。心配で夜も眠れないというのなら、それはおそらくあなたにとってする価値のない投資だ。

第3章で学んだ大切なこと

最後に、本章のポイントをまとめておこう。

株式投資は、投資期間の長い人にとってきわめて有効な投資方法だ。さらに、株式投資の注意点をきちんと守り、チャンスを逃さなければ、大きな利益が期待できる。株に投資すると決めて、まじめに勉強とリサーチに取り組めば、あなたはきっと賢い投資で成功への道を歩むことができるだろう。

- 株式は会社の所有権だ。
- 株式は、証券会社や、ＦＩＮＲＡに登録したファイナンシャル・アドバイザーなどを通して買うことができる。
- 株式をリサーチする方法はたくさんあるが、絶対に儲かる株を選べる方法は存在しない。しかし、正しい方法で十分なリサーチを行えば、選んだ株が利益を上げる可能性は高い。
- 投資家には大きく分けて「機関投資家」と「個人投資家」の２種類がいる。
- 株式は時価総額の規模で分類されることが多い。時価総額が大きい順に、大型株、中型株、小型株、超小型株となる。
- ＩＰＯ株と外国株は極端にリスクが大きい。これらをポートフォリオに加えるかどうかを判断できるのはあなただけだ。
- 心配で夜も眠れなくなるような投資をしてはいけない。

第4章

The Teenage Investor

債券投資の基本

本章の主役は「債券」だ。投資家の中にはあまり興味を持たない人もいるが、重要な存在であることに変わりはない。株式市場が大暴落したときなどに、たとえば、あなたはこんなふうに思ったことはないだろうか。「みんな大金を失って呆然としているのに、お金持ちだけはますますお金持ちになっているようだ。なぜだろう？」と。

答えは単純で、お金持ちの投資家の多くは、かなりの額を債券に投資しているからだ。債券に投資すると決まった額の利子をもらえるので、どんなときも一定の収入が保証されるというわけだ。債券はこの性質から、別名「確定インカム投資」とも呼ばれている。債券を持っている人は、利子という形で「確定インカム」を手に入れることができる。

債券

そもそも債券とは何だろう？　簡単にいえば、**債券は会社や政府の借金だ。**ある会社の債券に投資するとは、その会社にお金を貸すということであり、会社のほうは決められた期日に借金を返済する義務がある。会社や政府にお金を貸すと、あなたはリターンとして

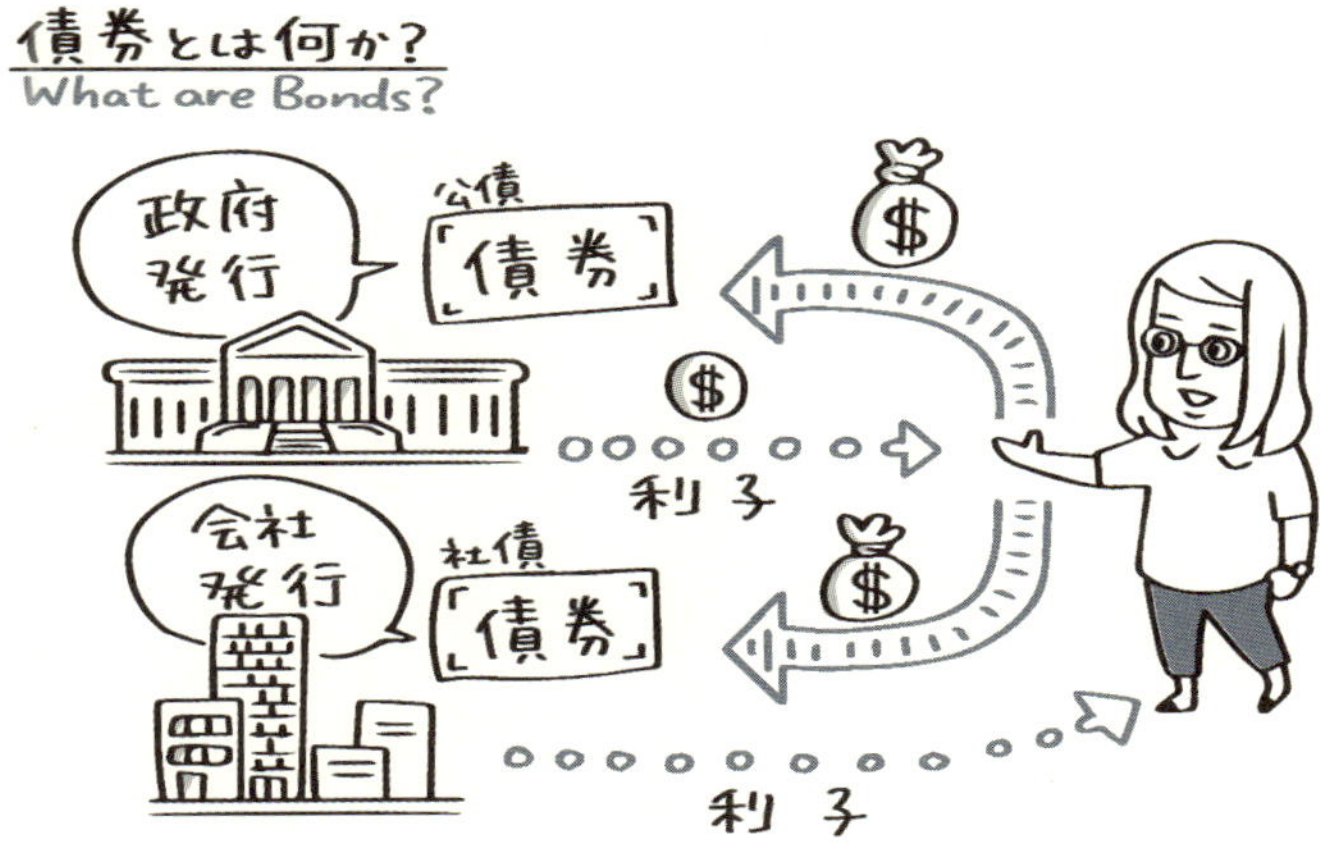

利子を手に入れる。

会社や政府は、あなたから借りたお金を何に使っているのだろう? 彼らが債券を発行するという形で集めたお金は、さまざまな事業活動の資金になる。たとえば、ある会社が別の州に新しい支店を開設したいと考えているなら、債券を発行してお金を集め、支店のビルの建設費用などに充てる。

会社や政府が債券を発行するときは、返済の期日をあらかじめ決めておく。この期日は「満期」と呼ばれる。満期とは、債券を発行した会社や政府が、債券を買ってくれた人に元本を返済するまでの期間だ。満期はまた、債券の寿命と考えることもできるだろう。満期が来たら、債券の発行者は

債務不履行（デフォルト）
Default

借りたお金をすべて返さなければならない。発売時に条件をつけて、満期よりも早く償還する場合もある債券も多い。

ここまで読むと債券は安全な投資に思えるかもしれないが、実はリスクの高い債券投資も存在する。たとえば、他の債券に比べて利率が極端に高い債券は、裏を返せば、その債券を発行した会社や政府の財務状況が危ないということだ。このような債券を買うと、利子ももらえず、元本も返してもらえないという可能性がある。

会社や政府が債券の利子を払えなくなった状態は「債務不履行」、あるいは「デフォルト」と呼ばれる。債券がデフォルトすると、債券を保有する人は、元本返済の代わりに債券発行者の資産を要求することができる。その状態になった会社は、もしその時点でまだしていない場合は、すぐに「破産」を申請するだろう。

どんな名前で呼ぶにせよ、債券の利子が払えないというのは深刻な状況だ。だからこそあなたは、お金を貸す相手を慎重に選ばなければならない。

ちなみに私は優良債券が大好きだ。あなたも多様な資産クラスに分散したポートフォリオを組みたいのなら、債券投資を真剣に考慮することをおすすめする。

とはいえ、**債券はすべての投資家にとっていい選択なのだろうか？　その答えは、利子の収入に魅力を感じるか、投資にどの程度の安全性を求めるかといったことで変わってくる。**

ポートフォリオに債券を組み込むかどうかは、それぞれの投資家が自分で決めるしかない。本章を最後まで読み、債券についてより理解を深めれば、あなたも自分で判断できるようになるだろう。

債券を自分のポートフォリオに組み込むかどうか決める前に、まず債券にはどんな種類があるのかということを理解しておかなければならない。個人投資家に向いている債券もあれば、そうでない債券もある。基本的に、債券投資に関する判断の基準は、利子による定期的な収入が必要か、自分はどこまでのリスクに耐えられるかという2点だ。

図8　各種債券とその信用度

債券の種類	債券の信用度（高＞低）
公　債	国債＞地方債
社　債	大型＞中型＞ハイイールド
ジャンク債	ハイイールド（かなり高リスク）

まずは債券の種類から学んでいこう。**債券は誰が発行するかによって「社債」と「公債」の2種類に分けられる。**社債は会社が発行する債券で、公債は国や地方自治体が発行する債券だ。次に、債券を信用度によって分類すると、社債は「大型」がもっとも信用度が高く、次に「中型」、そして「ハイイールド」はもっとも信用度が低い。公債は国が発行する「国債」のほうが、地方自治体が発行する「地方債」よりも信用度が高くなる。まとめると上の図8のようになる。

債券投資を考えるなら、自分のリスク許容度を知り、投資対象にどれくらいのリスクがあるのかを理解しておくことが大切だ。本章をよく読んで、債券のリスクを自分で調べて判断できるようになろう。

社債

最初に学ぶのは、もっとも一般的な債券である「社債」だ。**社債は伝統的に、アメリカ国債よりもリスクが高いとされている。そのため、社債の利子は国債よりも高い。**政府と会社を比べれば、破産する可能性が高いのはもちろん会社のほうだ。しかし、だからといって国や地方自治体に破産の可能性がまったくないわけではない（政府の財政破綻については次項で見ていこう）。

社債を発行する会社にもいろいろある。長い歴史を持ち、世間の評価も高い大企業もあれば、無名の会社や、危なくてとても投資できないような会社もあるだろう。第1章に登場した格付け会社を覚えているだろうか？　債券の場合も、スタンダード&プアーズ（S&P）、ムーディーズ、フィッチ・レーティングスといった格付け会社が格付けを行っている。財務状況が極端に悪いような会社は、これらの格付け会社から「投資不適格」という格付けを与えられることになる。

格付けの高い会社は、債券の利率が低く設定されている。破綻の心配が小さいので、リスクが低いとみなされるからだ。しかし、ここで注意してもらいたいのは、有名な大企業なら絶対に安心というわけではないということだ。誰もが知っているような大きな会社でも、何らかの理由でいきなり破綻してしまった例は枚挙にいとまがない。

大企業の破綻で思い出すのは、たとえば、おもちゃ小売大手の米トイザらス、小売大手のシアーズ・ホールディングス、カリフォルニア州のインフラ大手のパシフィック・ガス・アンド・エレクトリック・カンパニー（ＰＧ＆Ｅ）などがある。

評価の高くない会社も債券を発行できるが、それらの債券は「ハイイールド債」に分類される。「ハイイールド」とは「利回りが高い」という意味で、リスクが高い分だけリターンも大きいということだ。第1章でも触れたように、ハイイールド債は「ジャンク債」（ジャンクはゴミという意味）と呼ばれることもある。

「イールド」とは、社債を買ってくれた投資家に対して会社が払うお金をパーセンテージで表した数字で、支払われる利子の総額を債券価格で割って求める。つまりその債券を買うとどれくらい儲かるかを表した数字ということだ。伝統的に、小さな会社や、多額の負債を抱えている会社は、破綻のリスクが高いとみなされ、投資家に高い利子を払うことが求められる。**私個人としては、ハイイールド債には投資しないほうがいいと考えている。**例外はハイイールド債の投資信託だが、これについてはまた後で説明しよう。

図9　ムーディーズ、S＆Pでの債券格付け一覧表

ムーディーズ	S＆P	格付けの説明
Aaa	AAA	最高の格付け。 利子の支払いと元本の返済はほぼ確実。
Aa	AA	あらゆる基準から見て高い水準にあるとされる格付け。利子の支払いと元本の返済を行う能力もきわめて高い。最高格付けとの差はごくわずか。
A	A	信用度は中の上。利子の支払いと元本の返済を行う能力は高い。景気や経済状況の変化に影響を受けやすいこともある。
Baa	BBB	信用度は中。利子の支払いと元本の返済を行う能力はあると判断されるが、この先悪化する可能性もある。 景気や経済状況の変化に大きく影響を受ける。
Ba	BB	「投機的」と判断される要素がある。この先どうなるかは保証できない。利子の支払いと元本の返済を期日通りに行えないかもしれない。
B	B	現時点では利子の支払いと元本の返済能力はある。 将来的な支払い能力は保証できない。
Caa	CCC	低い格付けとされる。デフォルトの可能性が高く、現時点ですでに支払いに問題が生じている。利子の支払いと元本の返済を期日通りに行うには、業績が回復するような出来事や、経済状況の改善が必要だ。
Ca	CC	きわめて投機的。 すでにデフォルトしている可能性も高い。 財務や経営の問題が公に知られている。
C	C	最低クラスの格付け。 この先格付けを上げる見込みはほとんどない。
D	D	デフォルト（債務不履行）

債券への投資を考えているなら、債券の格付けも頼りになる重要な指標だ。債券の格付けを見れば、利払いや元本の返済が確実に行われるか、その会社の財務状況は健全かといったことがわかるようになっている。

具体的な格付けの種類とその中身については、前ページの図9を参考にしてもらいたい。代表的な格付け会社であるS&Pとムーディーズの格付けを参考に、私が簡略化してまとめたものだ。実際のレーティングはこれよりもさらに細かく、S&Pはプラス（＋）とマイナス（－）、ムーディーズは数字を使って分類している。

債券はどんな投資家にもおすすめできる優良な投資商品だ。ここでも他のすべての投資と同じように、質の高いものを見つけることがカギになる。最高の格付けは「AAA」だ。利子の支払いと元本の返済に問題がなく、経営や財務の状況も健全だと評価された会社はAAAの格付けが与えられる。AAAの格付けは、少数の選ばれし優良企業にしか与えられない。

最低の格付けは「投資不適格」と呼ばれる。ムーディーズであれば「Ba」以下、S&Pなら「BB」以下だ。投資不適格と評価された会社は、きわめてリスクが高く、利子の支払いにも困る可能性がある。中には破産する会社もあるだろう。

会社が破産したら、債券保有者はお金をほぼ回収できない。しかし、それでも株の保有者よりはまだましだ。第3章でも学んだように、会社が破産した場合、債券保有者は普通株の保有者よりも先に支払いを受けることができる。

社債は誰でも買うことができるが、購入の最低額は決まっている。最低額がいくらになるかは社債の種類によって異なる。1000ドルかもしれないし、5000ドルかもしれない。最低額を知りたかったら、口座を持っているネット証券で調べるか、インターネットで検索するといいだろう。

安全な社債に投資したい人は、大規模から中規模で、財務状況が健全な会社を選ぶこと。個人の状況や投資の目的に合わせた債券の選び方については、また後で詳しく見ていこう。それに加えて、債券を含んだポートフォリオの正しい組み方についても考えていく。

公債

公債とは国や地方自治体が発行する債券だ。伝統的に社債よりもはるかに安全だとされているが、アルゼンチンなどの財政が安定しない国の国債は、社債にも負けないくらいリスクが高くなる。

ここでもまた、債券の種類が大切になる。この項目に登場するのはアメリカの公債だけだ。それ以外の国々の債券については次の項目で見ていこう。

アメリカ連邦政府の財務省が発行するアメリカ国債は、もっともリスクの低い債券だ。しかし、リスクが低い分、利子の支払いももっとも少ない。他の投資のところでも見たように、ローリスクローリターン、ハイリスクハイリターンの法則がここでもあてはまる。

リスクが低く、絶対に安全な投資を求めるなら、アメリカ国債はベストの選択肢の1つだ。アメリカ国債には、アメリカ政府による「十分な信頼と信用」という裏づけがある。

つまり、何があっても政府が約束通りに借金を返してくれるということだ。

外国債券

個人の投資家が外国の債券に関する情報を入手するのは難しい。そのため、個人で買う

のではなく、プロが選んだ銘柄を投資信託などの形で買うほうがいいだろう。投資信託であればファンドマネジャーが必要なリサーチをしてくれるので、あなたはただできあがった投資商品を買うだけでいい。

外国の債券を個別に購入したいなら、安心して投資できる会社の債券を選ぶようにしよう。世界的に有名で、健全な経営で知られている大企業が望ましい。そういう会社であれば正しい情報が比較的簡単に手に入るので、リスクを低く抑えることができる。ここで大切なのは、リスクの大きい投資はプロにまかせておくということだ。あるいは、「米国預託証券（ADR）」を買うという形で外国の会社に投資することもできる。

米国預託証券（ADR）とは、アメリカ以外の国で設立された会社の株式を裏づけとして、アメリカの銀行がアメリカで発行する有価証券のことだ。ADRは、ニューヨーク証券取引所（NYSE）、あるいはNASDAQに上場され、普通の株式と同じように取引所で取引される。また、OTC市場でも取引されている。OTCは「Over The Counter」の頭文字で、「取引所を介さない相対取引」という意味になる。主にOTCマーケッツ・グループと呼ばれる会社が、NYSEなどの取引所に上場されていない株式（非上場株式）を取り扱っている。OTCの株式は、上場株式に比べ、会社が新しい、小さい、リスクが大きいという特徴があり、取引量が少なく、会社の情報もあまり公開されていない。

そのため投資家にとっては、投資のリターンが計算できない、適正な株価がわからないといった問題がある。とはいえ、多くの外国の大企業がOTC市場で取引されていて、たとえば日本の日産自動車（NSANY）やスイスのネスレ（NSRGY）など、中には外国企業の上場基準を満たしている銘柄もある。

ADRのしくみを説明すると、まずアメリカの銀行が外国の会社の株式を購入し、現地の銀行に保管する。アメリカの銀行はその株式に対する預かり証をアメリカで発行し、その預かり証をADRとしてアメリカの市場に上場する。株式を発行する外国の会社は、ADRを発行する銀行に対して財務情報を開示しなければならない。

債券と資産配分

資産配分というとなんとなく難しく聞こえるかもしれないが、第2章と第3章でも学んできたように実際はとてもシンプルだ。**資産配分とは要するに、自分のお金を、株式、債券、現金などの資産にどのように分散させるかということだ。**

自分の資産配分を考えるなら、債券はぜひ組み込んでもらいたい資産クラスの1つだ。ポートフォリオに債券を組み込めばリスクのバランスを取ることができる。一般的に債券はリスクが低いとされているからだ。

たとえば、小型株にも投資してより大きなリスクを取るのであれば、債券はそのリスクヘッジの役割も果たしてくれる。また債券には、利子が確実に入ってくるという特徴もある。そのため、特に株価が下落し、より安全な債券への投資が増えたときなどは、平均以上のリターンが期待できることもあるだろう。

第4章で学んだ大切なこと

本章で学んだ大切なことをおさらいしよう。

- 債券投資が優れている理由の１つは、利子という形で決まった収入があることだ。たとえ景気が悪いときでも利子は必ず支払われる。

- 債券をポートフォリオに組み込もう。

- 債券も種類によってリスクが異なる。格付け会社が発表する格付けを確認してから投資する債券を選ばなければならない。

- 自分の目標とニーズに応じて債券に投資しよう。

第5章

The Teenage Investor

投資信託の基本

投資信託とは何か？
What is a mutual fund?

本章では、投資信託の人気の理由と、投資信託に投資する方法を見ていこう。

投資信託はもっとも優れた投資方法の1つだ。手軽に分散投資ができることに加えて、ドルコスト平均法（84ページ）とも非常に相性がいい。そして数ある投資信託の中で、それらの特徴をもっとも備えているのが、「インデックスファンド」と呼ばれる種類の投資信託だ。

そもそも投資信託とは何だろう？　投資信託とは、数多くの投資家から集めたお金を運用資金にして、投資のプロが株式、債券、現物市場などに投資するという投資方法だ。数千人から資金を集めた投資信託もあれば、数百万人から資金を集めた投資信託もある。

投資信託の運用資金の時価総額は「純資産総額（NAV）」と呼ばれる。そして投資信託の「基準価額」とは、株価のような基準となる価格のことだ。株は1株、2株とかぞえるが、投資信託は1口、2口とかぞえる。たとえば、基準価額が13ドルの投資信託を100口買いたい場合、あなたは1300ドルを支払うことになる（訳注8）。

投資信託の基準価額はどうやって計算するのだろう？ 投資信託の純資産総額から負債を引き、それを発行済みの口数で割って出た数字が基準価額だ。基準価額は市場の終値をもとに毎日算出される。発表されるのは、たいてい東部時間の午後5時前後だ。

本章を読めばわかるように、投資信託はとても優れた投資方法だ。正しい投資信託を賢く選び、バランスの取れたポートフォリオを組んでいこう。

投資信託はなぜ、優れた投資法なのか

投資信託が優れている理由はいくつかある。おそらくもっとも重要なのは、手軽に分散投資ができるということだ。**ただ投資信託を買うだけで、株式や債券などに広く分散され**

訳注8 投資信託の中には、基準価額にかかわらず100円や1000円といった少額から買えるものもある。

たポートフォリオを組むことができる。

また、**プロに投資をまかせられるという利点もある。**ファンドマネジャーと呼ばれるお金のプロが、あなたの代わりに株や債券を選んで運用してくれるのだ。分析やリサーチはすべてプロがしてくれるので、あなたはただ投資信託を買うだけでいい。これはある意味で、投資信託を買っている人たちが共同でお金のプロを雇い、運用を依頼しているのと同じことだ。

一方で運用を担当するプロたちは、全員が同じ投資をするのではなく、それぞれの流儀で運用を行っている。彼らプロたちの運用方法は、大きく「アクティブ」と「パッシブ」の2種類に分けられる。**アクティブに運用される投資信託（ファンド）は「アクティブファンド」、パッシブに運用される投資信託は「パッシブファンド」と呼ばれる。**

アクティブファンドとパッシブファンド

アクティブファンドとパッシブファンドの違いを理解するのはとても大切だ。難しいこ

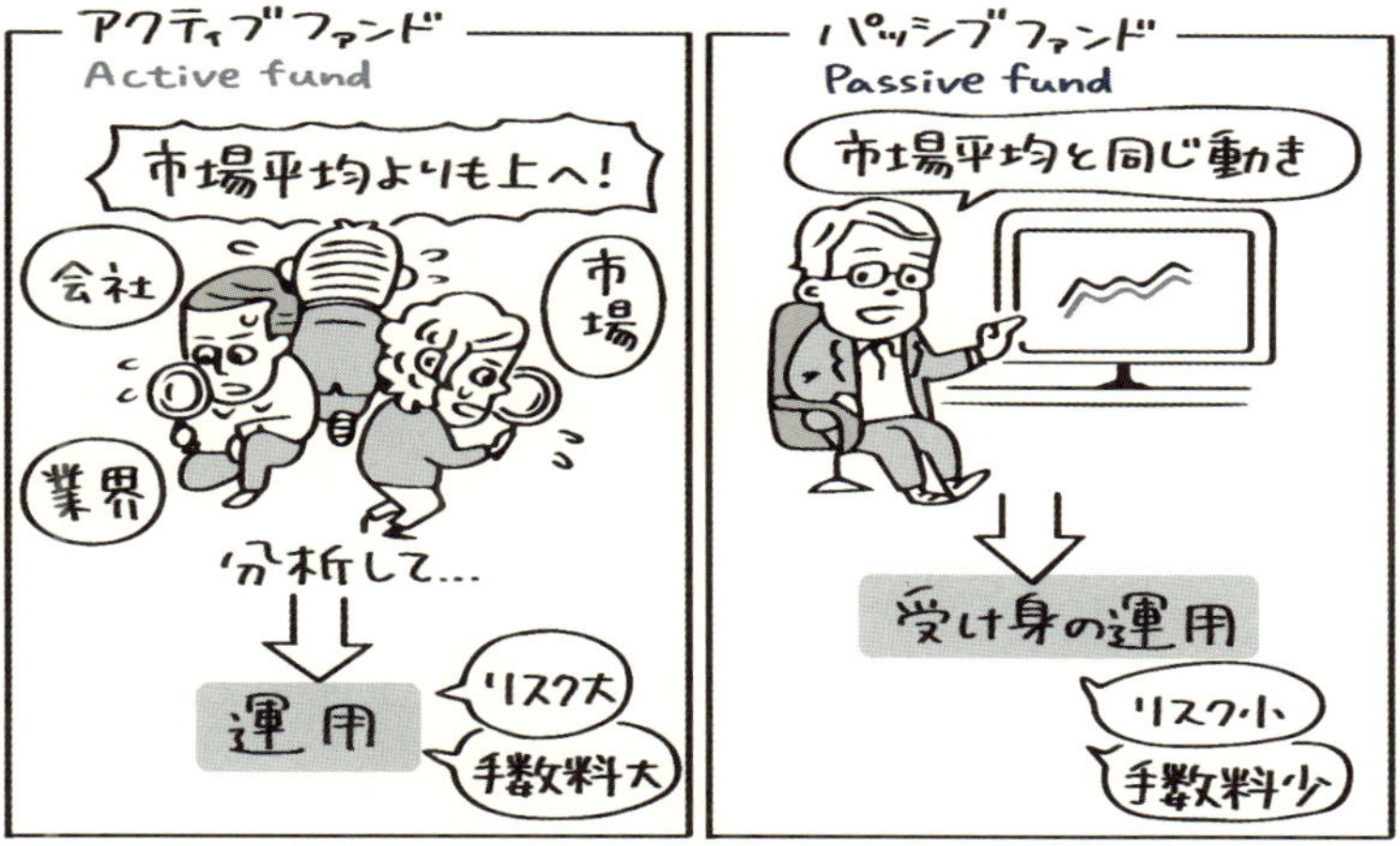

とではないが、最終的な運用成績に与える影響はかなり大きくなる可能性がある。

アクティブファンドとは、市場平均よりも上の成績を目指すファンド（投資信託）のことだ。 投資のプロたちがチームを組み、会社、業界、市場全体について幅広く情報を集めて詳細な分析を行い、できるだけ多くのリターンが期待できる銘柄を選んで運用する。

しかし、市場に勝つのは簡単なことではない。ときどきは勝てることもあるだろうが、継続して勝つのは、不可能とはいわないまでも、やはりとても難しい。

たしかに歴史をふり返れば、伝説のファンドマネジャーと呼ばれるような人たちは存在する。たとえば、資産運用会社レッグ・メイソンのビル・ミラーや、投資信託の販売・運用会社フィデリティ・インベストメンツのピーター・リンチは、市場平均をはるかに上回る成績を残した。しかし、ほとんどのアクティブファンドは市場に勝つことができない。たとえば、S&P500という有名な株価指数に勝てるファンドマネジャーは、今も昔も一貫して20%以下だ。

アクティブファンドがほとんど勝てない理由の1つは手数料だ。投資信託のリターンで、手数料はとても大きな位置を占めている。手数料についてはまた後で詳しく学ぶが、とりあえず今のところは、ファンドを運用するプロたちはタダ働きするわけではないということを理解しておけば十分だ。彼らはたいてい高給取りであり、そして私たち投資家が支払う手数料が彼らの給料になっている。

そこで登場するのがパッシブファンド、またの名を「インデックスファンド」だ。**インデックスファンドとは投資信託の一種で、市場指数（インデックス）に連動するように設計されている。**ファンドマネジャーが独自に銘柄を選ぶのではなく、指標となる指数と同じ動きをするように受け身的（パッシブ）に運用する。そのため、ファンドマネジャーが独自に運用するアクティブファンドよりもリスクが小さく、手数料も安い。

インデックスファンドは、市場指数とまったく同じ銘柄を保有する。たとえば、バンガード500インデックス・ファンド（VFIAX）に含まれる銘柄は、S&P500と

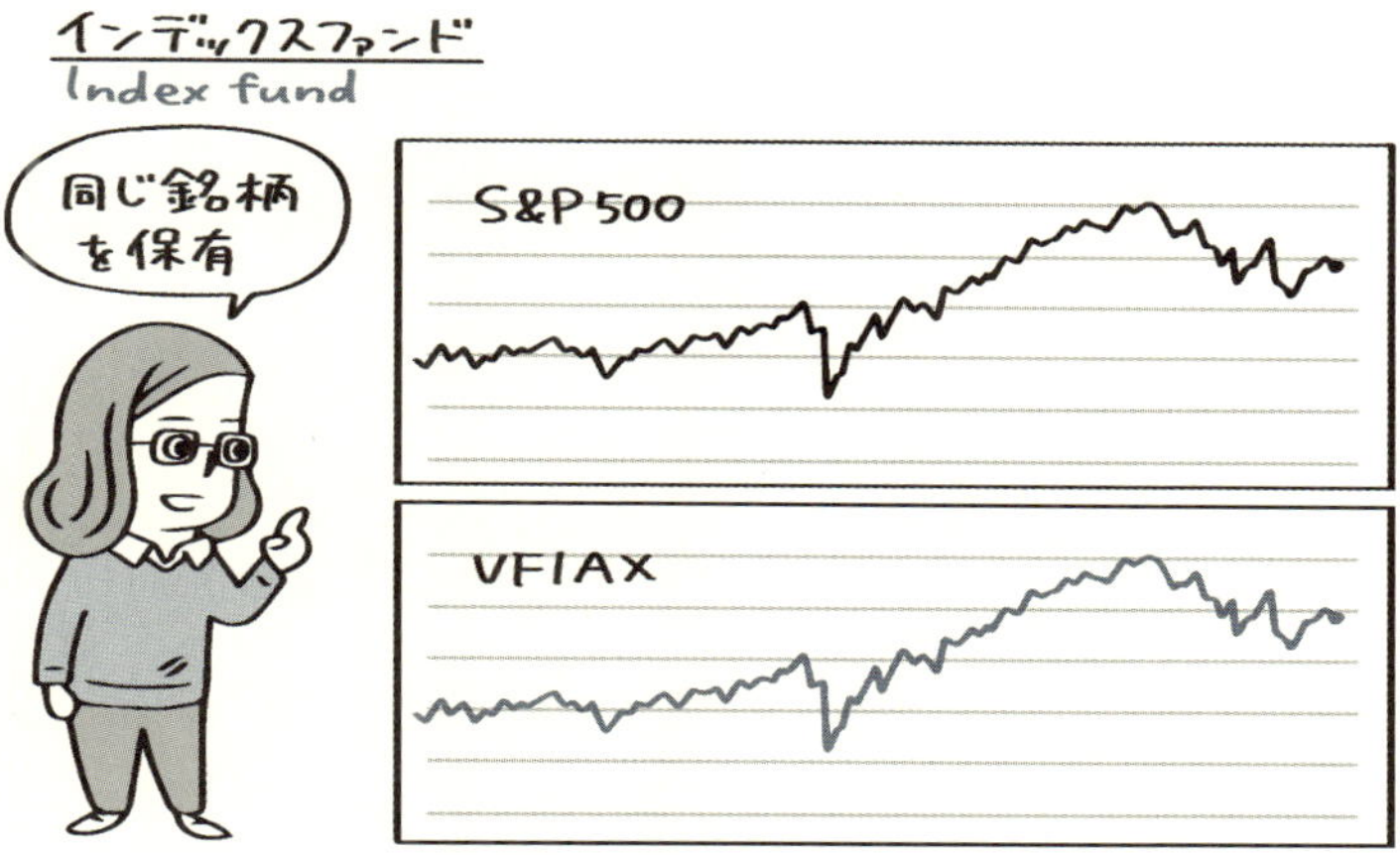

いう株価指数に含まれる銘柄とまったく同じだ。

もっと幅広い銘柄に投資したい場合は、CRSP USトータル・マーケット・インデックスや、ダウ・ジョーンズU.S.トータル・マーケット・インデックスなどの指数に連動するインデックスファンドがおすすめだ。具体的には、バンガード・トータル・ストック・マーケット・インデックス・ファンド（VTSMX）や、フィデリティ・トータル・マーケット・インデックス・ファンド（FSKAX）などがある。

一般的に、インデックスファンドはアクティブファンドよりもリスクが低く、手数料も安い。この2点だけでも、インデックスファンドを優れた投資方法と呼ぶ十分な理由になる。しかし残念ながら、証券会社は手数料で儲けているために、手数料の安いインデックスファンドを顧客にすすめることはめったにない。

インデックスファンドの利点は他にもある。それは、**運用にかかる税金を節約できる**ことだ。基本的に、インデックスファンドは基準となる指数に連動するだけなので、ファンド内で株の売買が頻繁に行われるわけではない。売買の回数が少ないと、売却時にかかる税金も減り、その結果、投資家が負担するコストも少なくなる。

インデックスファンドはいい投資ではないと主張する人も多い。ただ市場指数と同じ成績になるだけで、市場に勝つことはできないからだ。しかし、私の考えは違う。**インデックスファンドは、まさに「市場指数と同じ成績」だからこそ優れた投資なのだ。むしろ最高の投資の1つといってもいいだろう。**

そもそも、ほとんどのアクティブファンドは市場に勝つことができない。その大きな理由は、手数料が高いことだ。そのため、指数と同じ動きで、手数料が安いインデックスファンドは、それだけでほとんどのアクティブファンドに勝つことができる。

長い目で見れば、インデックスファンドのほうがアクティブファンドよりいい成績を上げるのが一般的だ。理由は主に2つある。

- インデックスファンドは手数料が安く、分配金に払う税金も少ないから。
- インデックスファンドは市場に勝つのではなく、市場と同じ成績を目指すから。

どうだろう？　インデックスファンドがとても優れた投資であることがおわかりいただけただろうか。ドルコスト平均法で毎月コツコツ積み立てれば、インデックスファンドの力をさらに引き出すことができるはずだ。

上場投資信託（ETF）

投資信託にはもう1つ、「上場投資信託（ETF）」という種類もある。第1章でも見たように、ETFとは、株式と同じように取引所で売買できる投資信託のことだ。クローズドエンド型投資信託（自由に解約して現金化できない投資信託）を除き、さまざまな投資信託がETFとして売買されている。ほとんどのETFはインデックスファンドだ。

インデックスファンドとETFには多くの利点がある。ETFについては、第1章や第

6章でも詳しく説明しているので、それらを読んでETFの利点をよく理解し、ぜひあなたの資産形成に生かしてもらいたい。

さまざまな株式投資信託

投資信託はさらに、どんな資産クラスに投資するかによってさまざまな種類に分けられる。ここでは主な種類をいくつか紹介しよう。それぞれの簡単な説明に加え、どんな投資家に向いているかについても考えていく。

株式投資信託（株式ファンド）とは、読んで字のごとく、株式に投資する投資信託だ。ファンドにどんな株を組み込むかは、投資スタイルと投資目的によって大きく異なる。

投資スタイルにはいくつかの側面がある。

第一の側面は、どの国の株に投資するかということだ。アメリカ株に投資するファンドもあれば、外国株に投資するファンド、両方を組み合わせて投資するファンドもある。複数の国を組み合わせたファンドを選ぶなら、どの国の株に何%を投資しているかという割合を確認しておくこと。

第二の側面は、個別株投資と同じように、攻撃的か、それとも保守的かという点だ。伝統的に、攻撃的なグロース株ファンドは、グロース株を中心によりリスクの高い投資を行う。中でも特に攻撃的なのは、NASDAQ、IPO、その他のスタートアップ企業の株を運用するファンドだ。

グロース株ファンドのいちばんの目的は、「値上がり益（キャピタルゲイン）を最大化すること」だ。そのためこのファンドは、投資期間を長く取れる若い投資家にもっとも適している。対して保守的なファンドの多くは、ブルーチップなどの安定した大企業に投資することが多い。

そして**第三の側面は、投資する会社の規模だ。**会社の規模は株式の「時価総額」で判断する。前にも見たように、時価総額を基準にした会社の規模は、大型、中型、小型、超小型に分けられる。

伝統的に、もっともリスクが低いのは大型株に投資する大型株ファンドだ。攻撃的なグロース株ファンドよりリスクを低く抑えながら、平均以上のリターンを達成することを主な目的としている。

中型株ファンドは、大型株ファンドよりはリスクがあるが、グロース株ファンドよりはリスクが低い。小型株ファンドは、中型株ファンドや大型株ファンドよりもかなりリスクが高いとされている。そして最後に、超小型株ファンドは昔からもっともリスクが高いとされてきた。

加えて、さらに「高配当株ファンド」と呼ばれる投資信託もある。高配当株ファンドとは、名前からもわかるように、平均より高い利回りで配当を出す株式に投資するファンドのことだ。長期的な成長を狙いながら、元本割れのリスクを低く抑えることができる。このファンドは株式だけでなく「転換証券」や債券にも投資する。転換証券とは、あらかじめ決められた日時と価格で、別の種類の証券と交換できるオプションのついた証券のことだ。転換証券の債券、優先株、無担保社債を持っている人は、その会社の普通株と交換できる。

高配当株ファンドがもっとも向いているのは、保守的な投資を好み、投資期間が短い投資家だ。その理由の1つは、ファンドからの分配金が、すでに分散されたポートフォリオの補完になること。分配金を同じファンドに再投資するなら、その効果がさらに大きくなる。

投資信託には「バランスファンド」と呼ばれるものもある。これは優先株、普通株、債券など、さまざまな資産にバランスよく投資するファンドだ。高配当株ファンドと同じように、このファンドも保守的な投資家に向いている。ほとんどのバランスファンドは、攻撃的なアクティブファンドほどのリターンは期待できないからだ。その反面リスクは低いので、ポートフォリオの安定性には貢献してくれる。市場が値下がりしても、アクティブファンドほどの影響は受けない。

グロース株と高配当株に加え、さらに債券にも投資したいという人は、「グロース&インカム型ファンド」がおすすめだ。名前からもわかるように、このファンドは高配当株とグロース株に投資する。株価の値上がりと利子や配当といったインカムゲインの両方を狙うファンドで、投資家の間で人気が高く、ポートフォリオの中心にしている人も多い。

債券ファンド

債券ファンドとは、公債や社債に投資する投資信託のことだ。第4章でも学んだように、有名な大企業、たとえばトヨタ自動車やアップルといったブルーチップの社債はきわめて安全な投資になるが、一方でハイイールド債（ジャンク債）と呼ばれるとてもリスクの高い社債もある（第1章、第4章も参照）。

政府が発行する公債も同じで、アメリカ連邦政府が発行するアメリカ国債はとても安全だが、財政難に陥っている国や自治体が発行する公債はリスクが高い。第3章でも見たように、**一般的には新興国の国債のほうが金利は高い。デフォルトのリスク、つまり利子の支払いや元本の返済ができなくなるリスクが、先進国よりも高いからだ。**

債券ファンドにはさまざまな種類があり、リスクも種類によって異なる。もっともリスクが低いのは、短期の債券を集めた「短期債券ファンド」だ。主に満期が1年から5年の社債と公債で構成されている。一般的に、短期債券ファンドは金利が上がっても価格が大きく動くことはない（訳注9）。そのため、引退者や、投資期間の短い投資家の間で人気の高いファンドだ。

「中期債券ファンド」は、一般的に満期が5年から10年の公債と社債に投資する。短期と中期の債券を集めた「短中期債券ファンド」は、高い安全性を保ちながら分配金の収入も期待できるので、引退を間近に控えた人や、すでに引退している人にもっともおすすめできる投資信託だ。より多くのインカムを求めていて、投資期間を長く取れる人なら、満期が15年から30年の債券を集めた「長期債券ファンド」のほうが向いているだろう。一定の金利で安定したインカムが期待できる。

訳注9　市場で取引される債券の価格は金利と逆の動きをするようになっている。金利が上がれば債券価格は下落し、金利が下がれば債券価格は上昇する。302ページの説明も参照。

アメリカの州や地方自治体が発行する地方債に投資するのが「地方債ファンド」だ（地方債については第4章を参照）。地方債には連邦税がかからないので、所得税をたくさん払っている人には地方債ファンドが有力な選択肢の1つになるだろう。

さらに「単一州地方債ファンド」と呼ばれる投資信託もある。名前からもわかるように、これはある1つの州内で発行される地方債に投資するファンドだ。その州内に住む人であれば、ファンドの分配金に州の所得税はかからない。税金をなるべく減らしたいという人は、これらのファンドに魅力を感じるかもしれない。

債券ファンドの最後に登場するのは、もっともリスクの高い「ハイイールド債ファンド」だ。別名「ジャンク債ファンド」とも呼ばれるこのファンドは、財務状況が悪く、利子の支払いもままならなくなっているかもしれない会社の債券に投資するので、もっともリスクが高いとされる。しかしリスクが高い分、高いリターンも期待できる。

私は通常、ハイイールド債ファンドのようなリスクの高い投資はおすすめしないのだが、もしあなたがリスクに対処する自信があるのなら、資産のごく一部をハイイールド債ファンドに投資すれば、ポートフォリオをさらに分散することができる。

ただし、ここで注意がある。**ハイイールド債に投資するなら、個別のハイイールド債ではなく、必ずハイイールド債ファンドを買うこと。**ファンドであれば、プロがリサーチと分析を行った複数のハイイールド債を持つことができるので、個別のハイイールド債を自分で選ぶよりもリスクが低くなる。

投資信託には「外国投資信託」と呼ばれる種類もある。これは外国に拠点を置く会社の株式や債券に投資するファンドだ。外国株式ファンドのほうが、外国債券ファンドよりも種類がたくさんある。

外国債券ファンドは投資する国によって分類できることもある。たとえば、「新興国債券ファンド」は、事業のほとんど、あるいはすべてを、中国や韓国などの新興国で行っている会社の債券に投資するファンドだ。

「単一国債券ファンド」は、事業のほとんど、あるいはすべてを、ある1つの国で行っている会社に投資する。また、「グローバル債券ファンド」あるいは「全世界債券ファンド」は、アメリカを含む全世界の国の債券に投資するファンドだ。

外国も投資対象にするファンドは、アメリカ国内だけのファンドよりもリスクが高い。為替相場の変動、各国政府の規制、政治・経済の不安定といったリスク要因があるので、より攻撃的な投資とみなされることもある。そして、これらのリスクは新興国ほど高くなる。

その他の投資信託

最後の項目では、次の3種類の投資信託について見ていこう。

- セクターファンド
- 不動産投資信託（REIT《リート》）
- クローズドエンド型投資信託（CEF）

「セクターファンド」とは、ある特定の業界や地域に投資する投資信託だ。

たとえば、化学セクターファンドであれば、多数の化学企業に投資する。化学企業の株だけが欲しいという人は、フィデリティ・セレクト・ケミカル・ファンド（FSCHX）を買えばいい。

不動産投資信託（REIT）
Real Estate Investment Trust

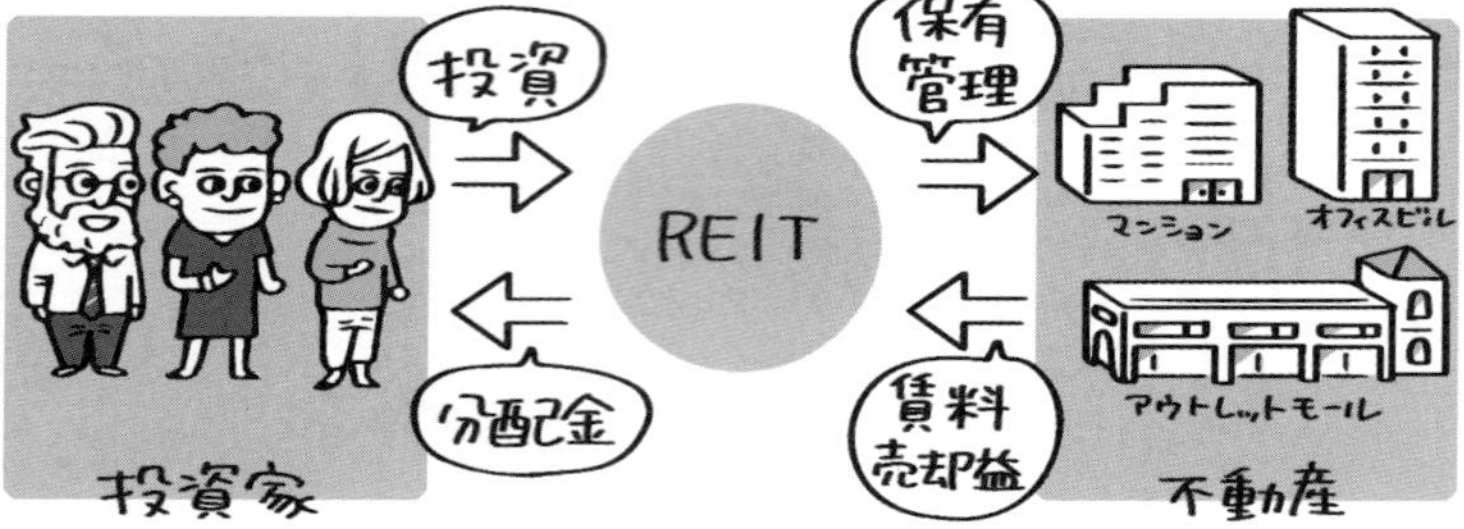

セクターファンドの欠点は、手数料が高いこと、そして投資対象が1つのセクターに集中している（つまり分散されていない）のでリスクが高いことだ。したがって、成績は対象セクターの状況に大きく左右される。

不動産投資信託（REIT）は、多くの投資家から集めたお金を不動産に投資する投資信託だ。上場されているので、株式と同じように取引所で売買できる。

REITに含まれる不動産は、オフィスビル、アウトレットモール、小売店、マンションなどがある。不動産には家賃という安定した収入があるために、REITには平均よりも高い利回りが期待できる。また、不動産は売りたいときにすぐに売れない（流動性が低い）のが難点だが、ＲＥＩＴにはその心配がない。

ＲＥＩＴは大きく3つの種類に分けられる。「エクイティＲＥＩＴ」は、不動産を直接所有し、家賃収入を主な収益源にする。「モーゲージＲＥＩＴ」は、不動産を直接所有するのではなく、モーゲージ（不動産担保ローン）、またはモーゲージを担保とする証券に投資する。そして「ハイブリッドＲＥＩＴ」は、不動産そのものとモーゲージの両方に投資する。

ＲＥＩＴは一般的に、ポートフォリオをさらに分散させる優れた手段の1つとされている。その理由は、不動産というハードアセット（実物資産）に投資しているからだ。経済や政治の危機が起こると、たしかに不動産価格も下落するが、不動産自体が消えてなくなることはない。

クローズドエンド型投資信託（ＣＥＦ）は上場されているので、株と同じように取引できる。しかし、私個人としてはこの投資法はおすすめしない。クローズドエンド型投資信託は、名前に「投資信託」と入ってはいるが、実際は上場された投資会社だ。投資家はその会社の株を買うという形でファンドに投資する。**クローズドエンド型投資信託は、特定のセクター、特定の国、金《ゴールド》などの貴金属、天然資源など、対象を絞って投資する。**

また、ここまでたびたび登場しているＥＴＦも投資信託の一種と考えられる。ＥＴＦについては第6章でさらに詳しく見ていこう。

ETFは、ある特定の指数と連動するように設計されていて、株式と同じように取引所で売買できる。S&P500、S&P400、S&P600といった指数に連動するものが一般的で、ファンドマネジャーが個別の判断で株の売買をすることはない。

また、1つのセクターに特化したETFもある。この種のETFは、基本的に特定のセクターの指数に連動するように設計されている。たとえば、iシェアーズ米国保険ETF(IAK)は、保険業界に特化した指数であるダウ・ジョーンズU.S.セレクト・インシュアランス・インデックスに含まれるすべての銘柄と連動している。つまりセクターETFに投資すれば、あるセクターの株のほぼすべてに投資できるということだ。

ETFは年齢を問わずすべての投資家におすすめできる。本書でくり返し述べてきたように、たった1つの株に投資するよりも、さまざまな株を組み合わせて投資したほうがいいからだ。

投資信託の手数料――この世にタダのものはない

投資信託にはどんな種類があるか理解したところで、今度はそれぞれの値札を見ていこう。投資の世界では、タダのものはほとんど存在しない。投資信託に投資する場合も当然ながらお金がかかる。たくさんの株や債券を買うなら、たしかに投資信託の形で買ったほうが安上がりだが、次にあげているように、手数料がタダになるわけではない。

運用費用 運用費用とは読んで字のごとく、**投資家に代わって資金を運用してくれることに対する費用**だ。投資情報サイトの「インベストペディア」は、「投資信託のファンドマネジャーがファンドの運用のために使う専門知識や時間に対して支払われる費用」と定義している。

管理費用 **ファンドの管理で発生する作業（クライアントステートメント、法務、会計、電話応対など）に対して支払う費用。**運用費用と管理費用を合わせて「信託報酬」と呼ぶこともある。

12b-1費用 投資信託の手数料の中で、おそらくもっとも無意味なのがこの12b-1費用だろう。これは、**ファンドの広告やマーケティングのコストに対して投資家が支払う費用**ということになっている。1980年に米国証券取引委員会（SEC）によって認可された。「1940年投資会社法」という法律の中で、投資信託の資産からマーケティング費用を払うことを許可した条文の番号が名前の由来になっている。12b-1費用は投資家を助けるために存在するとされている。その根拠は、マーケティングを行えば投資信託を買う人が増え、そのおかげで1人あたりの手数料が少なくなるからだ。

その他の手数料 投資信託の売買で手数料が発生することもある。買うときの手数料が「フロントエンド・ロード」で、売るときの手数料が「バックエンド・ロード」だ。売買手数料がかからない投資信託は「ノーロード」と呼ばれる。また後の章でも詳しく見ていくが、**手数料は全体の運用成績に大きな影響を与える。そのため、いうまでもなく、手数料は安ければ安いほどいい。**

投資信託はすべての投資家におすすめできる

もしあなたが、投資において安全性よりもハイリターンを重視する「投機家」ではなく、堅実な投資家になることを目指しているなら、「分散されたポートフォリオを組んで安定したリターンを得たい」と思っているだろう。投資信託、中でも特にインデックスファンドは、そんなあなたにぴったりの投資方法だ。**投資信託は投資対象がすでに分散されているので、個別の銘柄を買うよりはずっと安全性が高い。**投資家は、ただ投資信託を買うだけで分散したポートフォリオを組むことができる。

それに加えて、**インデックスファンドは手数料がとても安いので、投資家はより多くのリターンを稼ぐことができる。**インデックス投資については、昔から「どんなによくても指数と同じ成績にしかならない」と批判されているが、その批判は的外れだ。

こう考えてみよう。あなたは、2つある投資法のどちらか1つを選ぶことになった。1つは手数料が安く、指数と同じ成績になる投資。そしてもう1つは、指数に負けることが多く、さらに手数料が高い投資だ。答えは考えるまでもないだろう。インデックスファンドの利点については、次章で詳しく学んでいこう。

いずれにせよ、インデックスファンドとアクティブファンドのどちらを選ぶにしても、**投資信託はすべての投資家のポートフォリオに組み込まれるべきだと私は考えている。**特にあなたのような若い投資家は、投資信託の恩恵を最大限に受けられるだろう。

第5章で学んだ大切なこと

本章で学んだ大切なポイントをおさらいしよう。

- 投資信託にはさまざまな種類があり、種類によってリスクも異なる。自分の資産配分を考えて適切な投資信託を選ぶことが大切だ。

- インデックスファンドとETFをポートフォリオに組み込めば多くの恩恵を受けられる。

- 投資信託はあらゆる投資家のポートフォリオで中心的な存在になるべきだ。ただし、投資は自分のリスク許容度に応じて行い、自分のニーズに合わせて資産配分を調整しなければならない。

第6章

The Teenage Investor

インデックスファンドの基本

インデックスファンドがいちばんの投資法だと考えているのは私だけではない。ラリー・スウェドロー、ウィリアム・バーンスタイン、リチャード・フェッリなど、有名な専門家たちもこぞって推奨している。本章では、インデックスファンド投資（インデックス投資）の利点を見ていこう。詳しい説明に入る前に、まずはインデックスファンドの歴史を簡単にふり返っておきたい。

１９７４年、ジョン・ボーグルという人物が、徹底した調査と熟考の末にバンガード・グループという会社を設立した。現在、同社は世界で２番目に大きな資産運用会社になっている。１９７５年、バンガードは正式に業務を開始し、ここにインデックスファンドの前身が誕生した。先見の明のあるボーグルは、**「市場に勝つのではなく、市場に連動するファンド」**を目指した。

今でこそインデックス投資の利点は広く理解されているが、当時の主流だったアクティブ投資に公然と反旗を翻し、すべての人にとって本当に利益になる投資法を推奨するのは、かなり勇気のいる行動だっただろう。

インデックスファンドはとても優れた投資法だ。インデックス（市場指数）と聞くと、たいていの人はS&P500（43ページ）しか思い浮かばないかもしれないが、インデックスは他にもたくさんあり、その多くがインデックスファンドと連動している。

インデックス投資が優れている理由はたくさんあり、インデックス投資が豊かさへの道である理由もたくさんある。実際、その理由をすべてリストにしようとしたら、それだけでもう1冊本が書けるだろう！ それくらい、メリットばかりということだ。

あなたはもしかしたら、「インデックスファンドが本当にそんなに人気で、そんなにいいものなら、なぜ今まであまり聞いたことがなかったのだろう?」と不思議に思っているかもしれない。その裏には、金融業界の悲しい現実がある。証券会社の社員やファイナンシャル・アドバイザーが、インデックスファンドのことをわざと投資家に隠しているのだ。

その理由は、インデックスファンドの手

数料の安さだ。**投資家にとって手数料の安さはプラス要因だが、ファンドを売る側にとってはマイナス要因になる。**なぜなら、彼らの目的はより高い手数料を取ることだからだ。そう考えれば、彼らが手数料の安いインデックスファンドではなく、手数料の高いアクティブファンドを投資家にすすめる理由が理解できるだろう。しかし投資家のほうは、アクティブファンドで高い手数料を払うと、その分だけ投資のリターンが減ってしまって、損をする。

あるいは、こんな疑問もあるかもしれない。「若いうちはインデックスファンドのような保守的な投資ではなく、個別株で大きなリターンを狙うべきではないだろうか？」

実際のところ、私は個別株投資も推奨している。ただ、運用の中心はインデックス投資にするべきだといっているだけだ。

長い目で見れば、インデックス投資が必ず勝つ。インデックス投資こそが、資産を築く確実な方法だ。もちろん、インデックスファンドなら毎年確実に値上がりするというわけではない。しかし、コストの安いインデックスファンドで広く分散されたポートフォリオを組んでおけば、最終的に、あなたは勝利を収めることができるだろう。

インデックス投資の利点

インデックス投資の利点はたくさんある。しかし前にもいったように、そのすべてを列挙するとそれだけで1冊の本になってしまうので、ここではもっとも大切な利点だけを紹介しよう。

手数料の安さ

最初に紹介したい利点、そしておそらくもっとも重要な利点の1つは、手数料が安いことだ。私たちはみんなタダのものが大好きだが、残念ながら世の中はそんなに甘くない。しかしインデックス投資は、「限りなくタダに近い」といっても過言ではないだろう。**私たちが購入できる投資信託の中で、いちばん手数料が安いのはインデックスファンドだ。**

手数料の安さ
Low Fees

手数料が安いのはいいことだ。そしてインデックスファンドがとても優れた投資である理由の1つもそこにある。インデックスファンドの手数料は、アクティブファンドよりおよそ80%も安い。手数料が安い分だけ、運用では確実に有利になる。

インデックスファンドは、ものすごく高額な信託報酬（ファンドを管理・運用する費用）を請求しない。それに、あの無意味な12b－1費用（162ページ）もほとんどかからない。手数料の安さはすべての投資家にとって利点になるが、特に長期投資を行う個人投資家にとっては、非常に大きな利点になる。

だからこそ、私自身だけでなく、他の多くの投資家も、インデックスファンドの生

みの親であるジョン・ボーグルを、偉大なお手本として尊敬しているのだ。彼は個人投資家の利益を真剣に考えていた。しかもそれだけでなく、実際に私たちの利益になるようなファンドを生み出してくれた。ボーグルはまさにプロフェッショナルであり、真の意味で庶民の味方と呼べる存在だ。

手数料を安くすませる方法はたくさんあるのだから、わざわざ高い手数料を払うのはもったいない。高い手数料を払ってはいけない。手数料は投資のリターンを目減りさせるだけだ。

とはいえ私はなにも、すべてのアクティブファンドが不当に高い手数料を請求し、投資家のことはまったく考えていないと主張したいわけではない。しかし、ここでよく考えてもらいたいのは、「金融機関は誰の利益のために働いているか？」ということだ。安い手数料のファンドを開発したバンガードは、明らかに個人投資家のために働いている。次のシナリオについて考えてみよう。

最初の1年の利回りが1・14％のファンドに投資したとしよう。このファンドの最初の1年にかかる手数料を計算したところ、販売手数料や信託報酬などすべてを合計すると投資額の4％になった。この場合、実質的な利回りはマイナス2・86％。つまりあなたは、投資でお金を失うことになるのだ。

高い手数料を払う必要はない。手軽で、長期的には大きなリターンも期待できて、しかも手数料が安い投資方法が実際に存在するのだから、それを活用しない手はないではないか。たとえば、バンガード500インデックス・ファンド（VFIAX）について見てみよう。

バンガード500インデックス・ファンドは、S&P500という有名な株価指数に含まれる銘柄のすべてに投資する投資信託だ。市場に勝つことではなく、S&P500の値動きに連動することを目指している。手数料は本当に安い。投資情報会社のブルームバーグによると、このファンドの経費率はたった0・04％だ！　先ほどの例で考えれば、最初の年の利回りが1・14％しかなくても、この経費率なら1・1％の利益を上げることができる。マイナス2・86%と比べるとだいぶましだということがわかるだろう。ちなみに、停滞している市場でアクティブファンドを運用すると、マイナス2・86%というのはわりとよくある成績だ。

つまり、**インデックス投資は「お金の節約」になる。** 信託報酬が安く、その他の費用もほとんどかからないからだ。さらに売買手数料のかからないノーロードのファンドを選び、証券会社の窓口ではなくネット証券で購入すれば、経費はより安くなる。

以上をまとめると、**手数料は投資のリターンを目減りさせ、究極的には資産形成の妨げになる**ということだ。手数料が安いほど、投資で成功できる可能性は高くなる。

低リスク

インデックス投資で想定されるリスクは「市場リスク」だけだ。 市場リスクとは、株式などの金融市場で発生するリスクのことで、株など金融資産の価格が市場で変動することによって損失が出る可能性があることをさす。リスクが市場リスクしかないのであれば、心配性の人や、アクティブファンドを運用するファンドマネジャーの腕をあまり信用できない人でも、インデックスファンドなら安心して投資できるだろう。インデックスファンドは、そのままで投資対象がすでに十分に分散されている。つまり、インデックスファンドでポートフォリオを組むだけで、理想的な分散投資ができるということだ。

ただし、S&P500のインデックスファンドだけでは完全な分散投資にはならない。S&P500に加え、S&P600のインデックスファンド、外国株のインデックスファンド、さらに投資期間によっては債券のインデックスファンドもポートフォリオに組み込めば、大型株、小型株、外国株、債券などに幅広く投資することになるので、アメリカの主要企業だけに投資するS&P500のインデックスファンドよりもリスクを分散させることができる。

何に投資しているかわかりやすい

インデックス投資には、自分が何に投資しているかわかりやすいという大きな利点もあ

る。たとえばS&P500のインデックスファンドなら、あなたが投資しているのはS&P500に含まれる銘柄だけだ。

S&P500に含まれる銘柄は、S&Pダウ・ジョーンズ・インデックスという会社の指数委員会が選定している。変更される銘柄は平均して年に5%ほどで、買収された会社や破産した会社などが除外され、新しい成長企業や優良企業が加えられる。

これはつまり、構成銘柄の95%はほぼ変わらないということであり、この安定性は投資家にとって大きな魅力だ。一方でアクティブファンドは、ファンドマネジャーが独自の判断で売買をくり返しているために、投資家には中身がよくわからなくなっている。

アクティブファンドは本来の投資目的を外れてしまうことが多い。たとえば、小型株に特化したファンドだったはずなのに、小型株の値動きによっては、いつの間にか中型株か、さらには大型株のファンドになってしまっていることもある。その点、インデックスファンドは投資する銘柄がはっきり決まっているので、投資家にとっては魅力的な手段になる。

税金が安い

税金はできれば払いたくないものだが、税金から逃れることは不可能だ。だから資産形成では、必ず税金のことも考慮しなければならない。**課税口座**（訳注10）**で運用するなら、アクティブファンドよりもインデックスファンドのほうが、おそらく税金は安くなる。**

その主な理由の1つは、インデックスファンドは「ターンオーバー」が少ないことだ。ターンオーバーとは保有銘柄を変更することで、アクティブファンドは頻繁に売買を行ってターンオーバーが起こるので、そのたびに売却益から税金を払うことになる。一方でイ

訳注10 運用益に税金がかかる口座。NISA口座など運用益に税金がかからない口座は非課税口座という。

ンデックスファンドは、基準となる指数と同じ銘柄を保有していればいいので、ターンオーバーが少なく、そのため売却益にかかる税金を払う回数も少なくてすむ。

誤解しないでほしいのだが、私はなにもアクティブファンドは「ダメ」だといっているのではない。しかし、ほぼすべての主要カテゴリーで、アクティブファンドよりもインデックスファンドのほうが優れているのは事実だ。

もちろん、リスク許容度が高い人や、ファンドマネジャーが市場に勝つことを目指して独自の判断で売買するスリルを味わいたい人は、アクティブファンドに魅力を感じるだろう。とはいえ、魅力を感じるからといって、それが必ずしも正しい選択であるとはかぎらない。インデックス投資の効果はすでに証明されているのだから、あなたもその力を自分のために活用しよう。

上場投資信託（ETF）――インデックスファンドの代わりになる

「これを機にインデックス投資をやってみたい」と思った人は、投資信託以外にも、上場

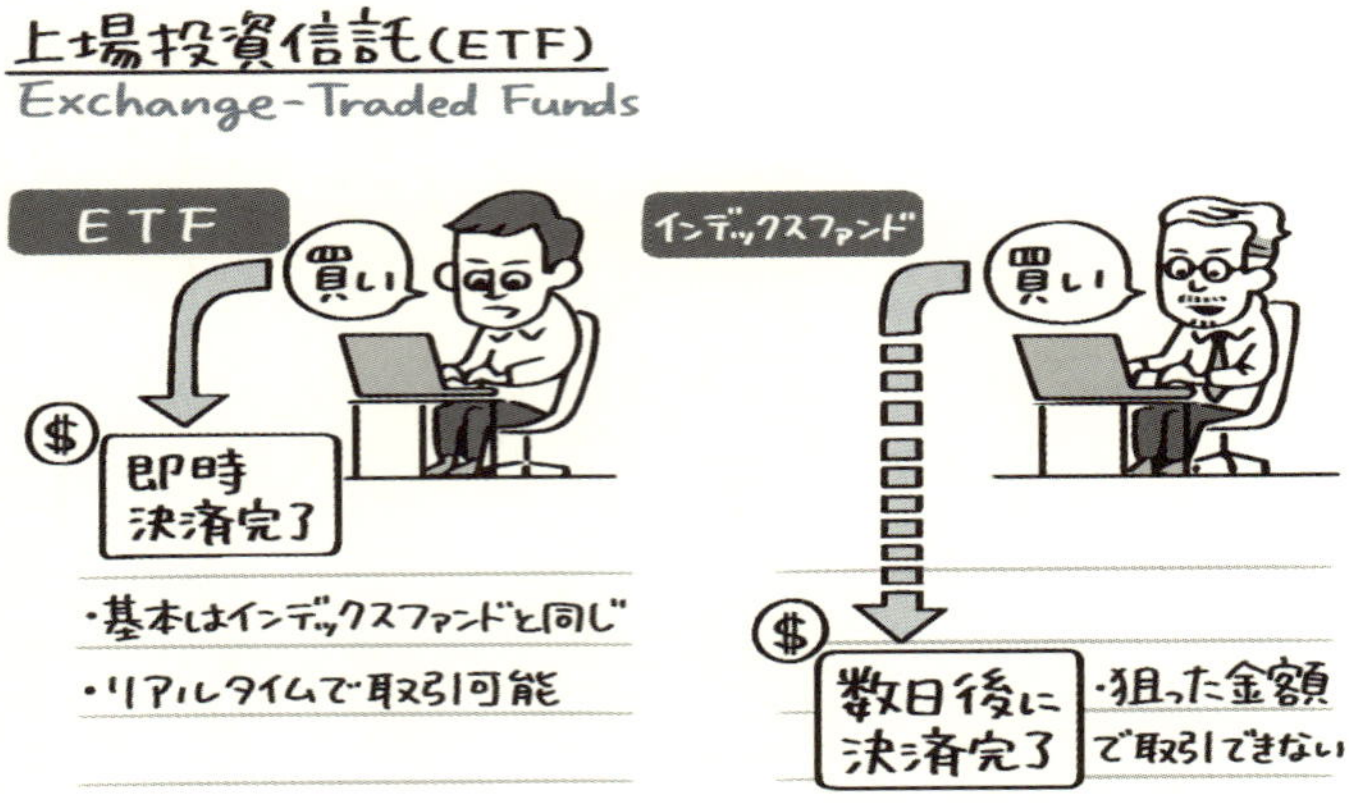

投資信託（ETF）という選択肢があることを知っておいてほしい。第1章と第5章でも説明したように、**ETFは基本的にインデックスファンドと同じものだが、株式と同じように取引所で売買できるという特徴がある。**

投資信託は、注文を出したらすぐに売買できるわけではなく、決済が完了するまでに数日ほどかかる。そのため狙った価格で取引することはできない。それに対してETFは、株式と同じように取引所に上場されているので、値動きを見ながらリアルタイムでの売買が可能だ。

しかし、いくらリアルタイムでの売買が可能とはいえ、頻繁に売買することはおすすめしない。売買するたびに手数料がかかるので、最終的なリターンがかなり目減りしてしまうかもしれないからだ。

ETFもインデックスファンドと同じで、長期保有に適している。たとえば、アメリカの取引所に上場されているほぼすべてのアメリカ企業に投資するバンガード・トータル・ストック・マーケットETF（VTI）を長期保有していれば、インデックスファンドと同じくらい安全な投資になるだろう。VTIの総経費率はわずか0・03%ほどだ。

ちなみにバンガードは、VTIと同じ指数に連動するバンガード・トータル・ストック・マーケット・インデックス・ファンド（VTSAX）という投資信託も出しているが、総経費率はVTIのほうがわずかに低い。

ETFが連動する指数は、S&P500や、VTIが連動するCRSP USトータル・マーケット・インデックスといった幅広い銘柄をカバーした指数だけではない。ある特定のセクターや、特定の投資戦略の指数に連動するETFもたくさん出ている。

たとえば、ファイナンシャル・セレクト・セクターSPDRファンド（XLF）は、S&P500に含まれる銘柄のうち、金融セクターの普通株だけを集めたETFだ。金融セクターに興味はあるが、個別株は買いたくないという投資家は、このようなETFを買うことで、金融セクターの幅広い銘柄を保有することができる。

また、ある特定の戦略に特化したETFも数多く存在する。しかし、ここでは注意が必要だ。指数に連動するETFだからといって、必ずしも投資する価値があるとはかぎらない。ETFの中には、市場のごく一部だけを対象にしたものや、極度に攻撃的な運用をするものもある。

たとえば、レバレッジを効かせた運用（自己資金ではなく、借りたお金で運用すること）をするETFは、プロのトレーダーだけにまかせておいたほうがいいだろう。市場の値下がりで巨額の利益を出すことを狙うレバレッジ・インバース型ETFなどは、特にリスクが大きい。

そのようなリスクの大きい投資が、本当に自分の投資戦略に合っているのかよく考えてみよう。あなたの戦略はあくまで長期投資なので、大きなリスクを取って短期的に大きな利益を狙う投資は、自分には合わないということがわかるはずだ。

やはり長期投資に適しているのは、バンガード・トータル・ストック・マーケットETF（VTI）や、バンガード・トータル・インターナショナル・ストックETF（VXUS）など、幅広い銘柄をカバーしたETFになる。

ETFが向いているのは、ある特定のセクターや市場全体に投資したい人、そして株式と同じように取引所で売買したい人だ。 ETFは分散投資を実現する優れた方法だ。たとえば、あるセクターのETFを持っていれば、そのセクターに集中投資しながら、銘柄は十分に分散させることができる。

ETFの主な利点は、インデックスファンドであることと、手数料が安いことだ。ETFを買うだけで、コストをかけずに十分に分散されたポートフォリオを組むことができる。

ただし、注意しなければならないこともある。ウォール街が新しい金融商品や投資戦略を発表するのは、取引量を増やしてより多くの手数料を稼ぐという狙いもあるからだ。**堅実な個人投資家であれば、長期投資で利益を出すことを目指しているはずなので、プロのトレーダーのように売買をくり返す投資商品はそもそも向いていない。**優良な投資商品を長く保有するという基本的な戦略を忘れないようにしよう。

まとめると、ETFは、お金をかけず、しかも手軽に、十分に分散されたポートフォリオを組むことができる優れた投資商品だ。

インデックスファンド＋ドルコスト平均法は、最強の組み合わせ

第2章でも見たように、**ドルコスト平均法とは、同じ額を定期的に積み立てていく投資**

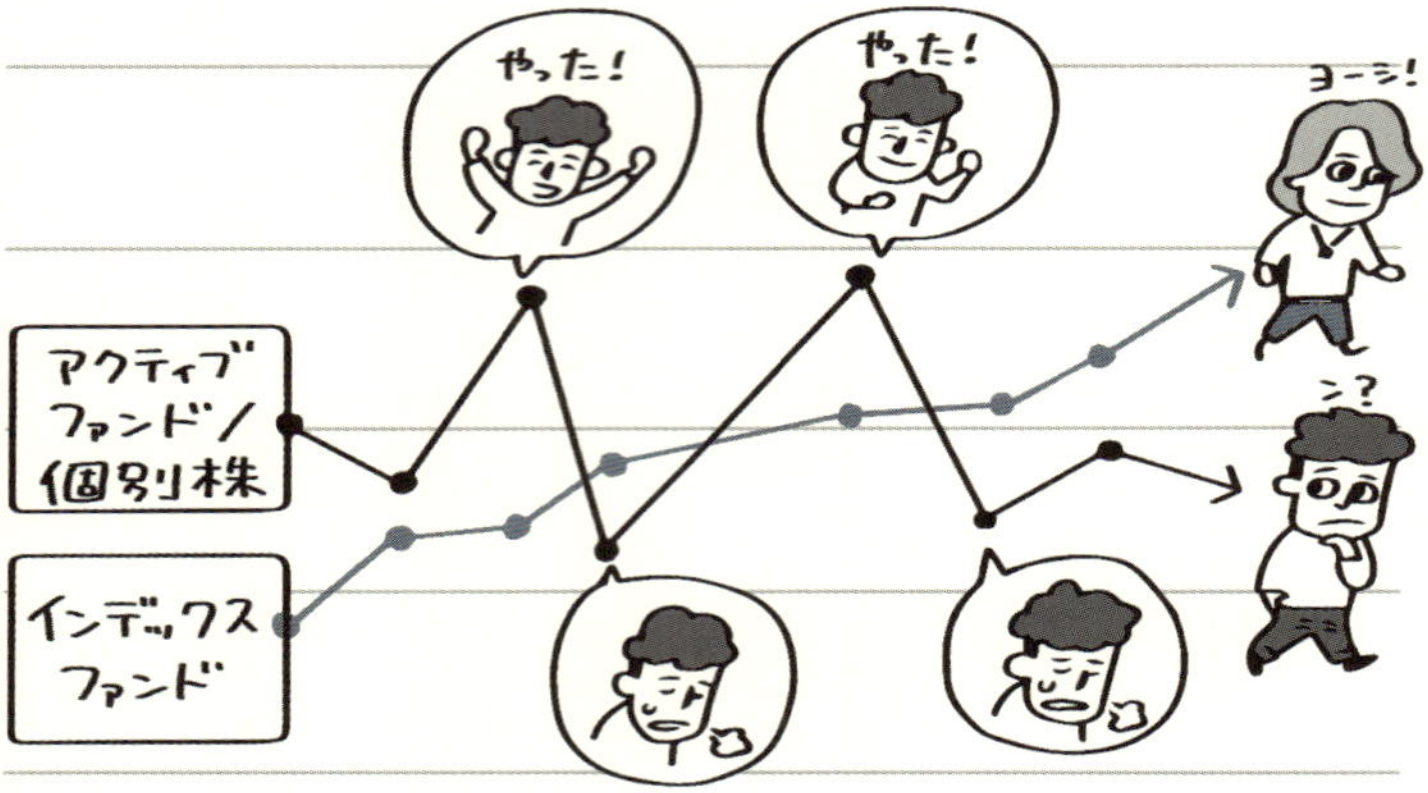

法のことだ。リスクを分散しながら資産を形成することができる。個別株もこの方法で積み立てることはできるが、**ドルコスト平均法がもっとも威力を発揮するのは、インデックスファンドと組み合わせたときだ。**

たとえば、バンガード・トータル・ストック・マーケット・インデックス・ファンド（VTSAX）をドルコスト平均法で積み立てれば、長期的には平均の購入額を低く抑え、さらにリスクも軽減できる。VTSAXの基準価額が100ドルのときに1000ドル分購入すれば、ファンドを10口所有することになる。翌月も同じように1000ドル分購入し、基準価額が104・5ドルに上がっていれば、購入する口数は9・5口だ。翌月の基準価額が91ドルに下がれば、今度は同じ1000ドルで10・9口購入できる。この3カ月後の保有口数は30・4口で、平均の購入価格は1口あたり98・7ドルだ。これを長期にわたって続けると、価格の変動によるリスクをさらに軽減することができる。

市場を丸ごと買うとなぜいいのか

ここまでは、インデックスファンドとETFの利点について学んできた。それでもあなたは、まだ納得できず、「なぜ市場を丸ごと買うのがいい方法なのだろう？　市場に勝ってもっと多くのリターンを手に入れたほうがいいのでは？」という疑問を持っているかもしれない。

しかし、ほぼすべてのアクティブファンドはインデックスファンドに勝つことができない。もちろん、たまに勝つことはあるかもしれないが、継続して勝つのはほぼ不可能だ。それはつまり、インデックスファンドの長期のリターンがどれくらいであろうとも、同じ期間のアクティブファンドのリターンよりは上だということになる。

特定の銘柄を選んで買うよりも、市場を丸ごと買ったほうがリターンは大きくなる。市場を丸ごと買うインデックスファンドは、年齢や投資経験に関係なく、誰にとっても正しい投資法だ。

そのため、ここでの問題は、インデックスファンドに投資するかどうかということではなく、どのインデックスファンドに投資するかということになる。**一般的に、投資期間がかなり短いのであれば、リスクの高い株や、小型株、バリュー株のインデックスファンドはおすすめしない。**その場合は債券のインデックスファンドがいいだろう。

インデックス投資の落とし穴1：オーバーラップ

本章をしめくくる前に、インデックス投資の落とし穴にも触れておかなければならない。最初に登場するのは「オーバーラップ」だ。**オーバーラップとは、ポートフォリオの中に同じような銘柄を集めた投資信託、あるいは同じような戦略で投資する投資信託が複**

数ある状態のことだ。これはよくないことであり、もしかしたら自分では気づいていないかもしれない。

たとえば、アメリカ市場全体に投資するバンガード・トータル・ストック・マーケット・インデックス・ファンド（VTSAX）と、大型株に投資するバンガード・ラージ・キャップ・インデックス・ファンド（VLCAX）に投資するなら、違う種類のファンドなのだから分散の面でも安心だと思うかもしれない。

しかし、この2つのファンドはオーバーラップしている。VTSAXが連動するCRSP USトータル・マーケット・インデックスという指数に含まれる銘柄の多くは、VLCAXが連動するCRSP USラージ・キャップ・インデックスという指数にも含まれているからだ。

オーバーラップが危険なのは、市場が不安定になって大型株が値下がりしたときに、どちらのファンドも値下がりしてしまうからだ。自分では十分に分散していたつもりでも、実際は大型株の値下がりの影響をダブルで受けてしまう結果になる。オーバーラップは資産形成を妨げる大きな要因の1つとされている。

インデックス投資の落とし穴2：エンハンストファンド

インデックス投資で気をつけなければならないもう1つの落とし穴は「エンハンストファンド」だ。**エンハンストファンドもインデックスファンドの一種だが、連動する指数とまったく同じ銘柄構成にするのではなく、少し手を加えることで、指数よりも上の成績を目指している。**ファンドマネジャー独自の判断で、これから値上がりすると読んだ銘柄の比率を上げたり、値下がりすると読んだ銘柄の比率を下げたりする。指数に入っていない銘柄を加えることもあるかもしれない。

それだけ聞けば、たしかによさそうなファンドだ。インデックスファンドが理にかなった投資であるなら、連動する指数に手を加えてさらに上の成績を目指すのも理にかなっているような気がする。ファンドマネジャーが、そのときの状況に応じて、値上がりしそうな銘柄を増やしたり、値下がりしそうな銘柄を減らしたりしてくれるのだ。理論上は、ポートフォリオに含まれるリスクはインデックスファンドとほぼ同じで、成績はインデックスファンドをやや上回るという設計になっている。

しかし、現実はそんなに甘くない。実際のところ、**エンハンストファンドがインデックスファンドを上回ることはめったにない。** それに加えて、エンハンストファンドは手数料が高く、さらに構成銘柄の売買もよく行われるので、投資家はそのたびに税金を払わなければならない。つまり、コストが高いという点で、インデックスファンドには確実に負けるということだ。

まとめると、**「エンハンスト」や「プラス」や「マネージド」といった言葉が名前に入っているインデックスファンドは注意が必要だ。** これらの言葉が入っていたら、アクティブファンドと同じように十分にリサーチする必要がある。それに、たとえ「エンハンスト」という言葉が入っていても、実際にエンハンストと呼べるような中身になっているとはかぎらない。

とにかくファンドの目論見書をよく読むこと！　基準となるインデックスを上回る成績を目指すというようなことが書いてあり、実際にそのような戦略になっているなら、それはたしかにエンハンストファンドだ。そうでないなら、インデックスファンドを買ったつもりだったのに、実際はアクティブファンドだったということになりかねない。

第6章で学んだ大切なこと

上場企業は、大きなものから小さなものまでそれこそ無数にある。その中から有望な銘柄を選び、市場の平均より上の成績を目指すのは、控えめにいってもとても大変な作業だ。実際のところ、ほとんどの投資家は市場に勝つことを目指すべきではない。市場に勝つことを目指したポートフォリオを組んだからといって、それですぐに失敗が確定するわけではないが、資産形成の妨げになる可能性は十分にある。

長期の投資を考えているなら、インデックス投資がいちばんの方法だ。最後に、本章で学んだ大切なポイントをおさらいしよう。

- **個別の銘柄を選んで買うよりも、市場を丸ごと買うほうが、はるかに簡単で、さらにより大きなリターンが期待できる。**

- **ほとんどのインデックスファンドは、すべての投資家にとって利益になる。特にドルコスト平均法で長期にわたって着実に積み立てると、インデックス投資はさらに大きな力を発揮する。**

第7章

The Teenage Investor

安全な投資の基本

市場に勝つのは不可能ではないが、安定して勝ち続けるのはかなり難しい。だから、勝つほうに賭けるのはやめたほうがいい。それが私からのアドバイスだ。

そもそも、市場に勝つとはどういうことだろう？　それは、自分のポートフォリオのリターンが、S&P500といった主な市場指数のリターンを上回っている状態だ。たとえば、あなたのポートフォリオのリターンが年利11%で、S&P500が年利9%だったら、あなたは市場に2パーセントポイント勝ったことになる。

しかし、これは口でいうほど簡単なことではない。市場に勝つのはとてつもなく難しく、さらに安定して勝ち続けるとなると、難しいを通り越してほぼ不可能だ。市場に勝つコツがあるとしたら、それは私たちの誰もがたまには遭遇することがあるもの――すなわち「好運」だけだ。

テレビに出ているいわゆる専門家たちも、運の要素なしに市場に勝ち続けることはできない。彼らの多くは、長年にわたって市場を観察し、分析してきた人たちだ。そんな専門家でも勝ち続けられないのだから、ましてや個人投資家が、市場を上回る成績を出せるわけがない。

一般的には、市場に勝てるかどうかがプロと素人を分けるカギだとされている。もしこの考え方が正しいとするなら、この世界はお金の素人ばかりで、プロはほとんどいないことになってしまう！

投資で目指すのはプラスのリターンを出すことだ。市場に勝っているかどうかは関係ない。長い目で見て資産が増えているのであれば、それだけで上出来だと考えよう。もしマイナスのリターンになっているなら、そのときは投資の対象を変えたほうがいいかもしれない。しかし、頻繁に売買をくり返すのはやめたほうがいい。前にも見たように、売買には手数料がかかり、売却による運用益には税金がかかるからだ。投資はコストを極限まで減らすことが勝利の方程式であり、売買をくり返すのは敗北の方程式だ。

お金のプロでも、市場に勝てない

この世界は「お金の専門家」であふれている！　テレビでも、インターネットでも、新聞でも、その他あらゆるメディアでも、その姿を見ない日はないくらいだ。

彼らは、自分の目利きで株を選ぼうとする。誤解のないようにいっておきたいのだが、私はなにも彼らの存在を否定しているのではない。彼らの多くは、良心的で、尊敬できる人たちだ。とはいえ、彼らのいっていることがすべて正しいとはかぎらない。

市場のほうは、あなたが誰であるかなどまったく気にしていない。たとえ経済やファイナンスの博士号を持っていようとも、市場にとってはひとりの投資家にすぎない。投資の世界では、市場が絶対的なボスだ。私たちはただ市場に従うしかない。

市場は毎日のように上がったり下がったりをくり返す。あなたのポートフォリオは、それで大損するかもしれないし、大儲けするかもしれない。自分のポートフォリオを守るには、市場の動きを読もうとするのではなく、分散して投資するのがいちばんだ。

市場の動きを読んで投資する手法は「マーケット・タイミング」と呼ばれる。マーケット・タイミングでは、落ち目の株を売却し、これから上がりそうな株を買うことで利益を出そうとするので、売買の頻度がどうしても高くなりがちだ。これは賢い戦略ではない。そもそも、市場の動きを読むのはほぼ不可能だ。むしろ、十分に分散されたポートフォリオをただ保有しているだけでいい。

マーケット・タイミングは、百戦錬磨のプロか、あるいは何も知らずにただ振り回されているだけの素人投資家にまかせておけば十分だ。

世の中に専門家がこんなにたくさんいると、誰を信じたらいいのかわからなくなる。そこでここでは、そもそも専門家を信じないほうがいい理由を説明しよう。理由は大きく分けて2つある。

1つは、**多くの投資のプロがテレビでおすすめ銘柄を紹介するのは、素人をだまして自分が儲けようとしているから**だということ。仮にそこまでの意図はなかったとしても、彼らがその銘柄を紹介することでお金をもらっているのは間違いない。

専門家のおすすめ銘柄は気にしないのがいちばんだ。メディアに登場しておすすめ銘柄を紹介している専門家は、どういうわけか投資信託のファンドマネジャーであることが多い。自分が管理するファンドに選んだ銘柄をメディアでおすすめすると、いったいどんなことが起こるのだろう?

もうおわかりのように、おすすめを聞いた一般の投資家がその銘柄を買い、銘柄が値上がりすると、そのファンドマネジャーが管理するファンドの運用成績が上がるというわけだ。

専門家が何らかの投資をすすめているときは、何をすすめているのかということだけでなく、「それをすすめる理由」にも注目しなければならない。言い換えると、その投資法をすすめることで、専門家にはどんな得があるのかということだ。

もう1つの理由は、**専門家はある銘柄をすすめても、その銘柄の値動きに最後まで責任を持たない**ということだ。実際のところ、「イチオシ」に分類された銘柄でさえ値下がりすることがよくある。

以上をまとめると、たとえ専門家でも市場には勝てないということだ。アクティブファンドのマネジャーの多くは、市場に勝つために攻撃的な運用を行っている。しかし、第5章と第6章でも見たように、その結果としてあなたは2種類のコストを余分に払うことになるのだ。1つは銘柄の売却益にかかる税金、そしてもう1つは売買にかかる手数料だ。

アクティブファンドはコストが高くつき、そのうえ市場に勝つこともできない。それがわかっていれば、個人投資家が選ぶべき選択肢はインデックスファンドしかないという結論になる。

安全な投資で市場に勝つ

ここまでは、本章の冒頭で述べた「市場に勝つのは不可能ではないが、安定して勝ち続けるのはかなり難しい」という言葉の根拠について説明してきた。しかし、それでも自分

は株式投資で市場に勝ちたいという人もいるかもしれない。そんな人には、ごく少額でやってみることをおすすめする。**そもそも失敗する確率がかなり高いのだから、せめて少額の投資にして、できるだけ傷が小さくなるようにしよう。**失敗し、ポートフォリオが大きな痛手を受けたら、とても高い勉強代だったということになってしまう（勉強になったのならまだいいほうだ）。市場に勝つ投資を目指してもいい人がいるとしたら、それはプロの機関投資家だけだろう。

アクティブファンドはたしかに投資家にとってベストの選択肢ではないかもしれないが、アクティブファンドが存在しないのも投資の世界にとっては大きな損失だ。アクティブファンドが好きだという投資家がいるのはもちろん、アクティブファンドの積極的な売買が市場を動かしているからだという理由もある。

長期投資のお金の大半は個人投資家から出ているとはいえ、機関投資家も投資の世界には欠かせない存在だ。機関投資家は大きな組織という後ろ盾があるので、リスクを恐れずに、市場で積極的な取引をすることができる。それに、株やある種の投資信託の売買にかかるコストも、個人投資家より安い場合が多い（コストがまったくかからないことさえある）。

自分のニーズに合ったインデックスファンドをすでに保有していて、余裕資金で個別株の投資もしているという人は、インデックス投資と個別株投資で口座を分けておくことをおすすめする。同じ口座で運用していると、個別株投資に夢中になるあまり、インデックスファンドを取り崩してして資金源にしてしまうかもしれないからだ。

実験的にいろいろやってみるのはいいことだが、そこに全財産を賭けてしまってはいけない。過度に冒険的にならないように気をつけよう。投資の基本は、十分に分散したポートフォリオを組むことだ。個別株投資はごく少額でいい。それに、たとえ少額でも、ひょっとすると大成功して、あなたは伝説の投資家、ピーター・リンチの再来と呼ばれるようになるかもしれない。

市場に勝ち続けることは不可能なのか

多くの人は、視野が狭くなっている状態で株式投資を始めてしまう。自分なら一発当てて大金持ちになれると信じているのだ。もちろん、現実はそんなに甘くない。もし投資で成功するのがそんなに簡単なら、今ごろはみんなが大金持ちになっているだろう。

残念ながら、個別株の投資で成功する確率は低い。それに、たとえ成功したとしても、その成功は長続きしない。あるいは完全な一発屋で終わってしまうかもしれない。その理由は、何度もいっているように、市場に勝ち続けるのは、不可能ではないにしても、とてつもなく難しいからだ。それに、たとえ運用で利益が出ても、売買の手数料や税金でかなり目減りしてしまうという問題もある。

たしかにメディアには、「市場に勝った」という人がよく登場している。話を聞くところ、彼らはどうやらただラッキーだっただけではなく、むしろ投資の神のような存在らしい。しかし、メディアがつくったそのような物語にだまされてはいけない。投資の神のいう通りにしていたら、いずれ損を出すことは目に見えているからだ。

ただの当てずっぽうや、いわゆる専門家のいうことを鵜呑《うの》みにして投資することに比べれば、自分できちんと勉強し、リサーチや分析をしてから投資したほうが、成功する確率は間違いなく高くなる。ここでの方程式はシンプルだ。**より深く調べるほど、より高いリターンにつながる。**しかし、これはあくまでも可能性であって、リターンが保証されるわけではない。

情報が驚異的なスピードで流れる今の時代、平均的な個人投資家はそれについていけないこともある。個人投資家がいちばんやってはいけないのは、経済や金融関連のニュースを速報で伝えてくれるサービスに登録することだ。最新の情報をつねに追いかけるのは、機関投資家やトレーダーといった投資のプロだけでいい。あなたや私のような個人投資家にとっては、多すぎる情報はかえって混乱のもとになるだけだ。

近年、世間をにぎわせたテック企業のＩＰＯをいくつか思い出してみよう。初期の安値で買うことができたのはインサイダーばかりで、一般の投資家は、たいていＩＰＯ後に急騰した株価で買うことになる。その後インサイダーは、利益確定のために株を売却するので、今度は株価が暴落し、一般の投資家が保有する株の価値が下がってしまうのだ。

もちろんこれは、インサイダーが有利な立場を利用して利益を出そうとしているからでもあるが、ときにはただ単に情報量の差が原因になっていることもある。そもそも一般の投資家は、インサイダーや機関投資家と違って貴重な情報にアクセスする手段がない。そう考えれば、やはりＩＰＯ株にはむやみに手を出さないほうが賢明だろう。

個人投資家は、勝つことを目指さなくていい

それでも**個人投資家が市場に勝つことを目指すなら、若い投資家であることが絶対条件だ。**まだ若ければ、損失を埋め合わせるチャンスはその先も十分にある。それに一般的に、若い人はそれほどお金を持っていないので、取り返せないほどの大損失を出す可能性も低い。

それは翻って、**年配の投資家はむやみに大きなリスクを取ってはいけない**ということだ。年齢が高ければそれなりに資産も築けているので、失敗したときの損失が大きくなる。それに損失を取り返すための時間もあまり残されていない。

もちろん、何を目指して投資するかを決めるのはあなた自身だ。私はなにも、市場に勝とうとするのは最悪の行動だといっているのではない。ただ、とてつもなく難しいという

ウサギとカメの物語
Aesop fable with
the tortoise and the hare
やったー！
スヤスヤ…
ヨシ！
ハッ！

事実を伝えているだけだ。手数料や経費もバカにならず、元手となる資金もかなり必要になる。それに、銘柄や市場の分析にも時間がかかる。しかも、これだけお金と時間と労力をかけても、成功が保証されているわけではない。成功するには運も必要だ。

たしかにインデックスファンドも、つねにプラスのリターンが保証されているわけではない。景気が後退し、下落相場になれば、当然ながらインデックスファンドも値下がりする。とはいえ、市場に勝つことを目指すギャンブルに比べれば、成功する確率ははるかに高い。

これは、『イソップ寓話』に登場するウサギとカメの物語と同じだ。カメのようにゆっくりと、しかし着実に進んだほうが、最終的には勝利する。**攻撃的な投資で市場に勝つことを狙い、自分よりも情報を持っている人たちを出し抜こうとするのは、苦労が多いわりに見返りが少ない。**多くの投資家がインデックス投資を選ぶのもそのためだ。

ゆっくりと、しかし着実に資産を形成した人が、最終的には勝利する。

第7章で学んだ大切なこと

本章で学んだ大切なポイントをおさらいしよう。

- 個別銘柄を買うよりも、市場を丸ごと買ったほうが、はるかに簡単に優れたポートフォリオを組むことができる。

- 市場に勝つことを狙うのはかまわないが、ポートフォリオのごく一部にとどめること。ほとんどの個人投資家は、個別銘柄を買うよりも、市場を丸ごと買ったほうがいい結果につながる。積極的な取引は、個人投資家よりも情報をたくさん持っている機関投資家にまかせておけばいい。

第8章

The Teenage Investor

投資コストの基本

コストを甘く見てはいけない
Costs Matter

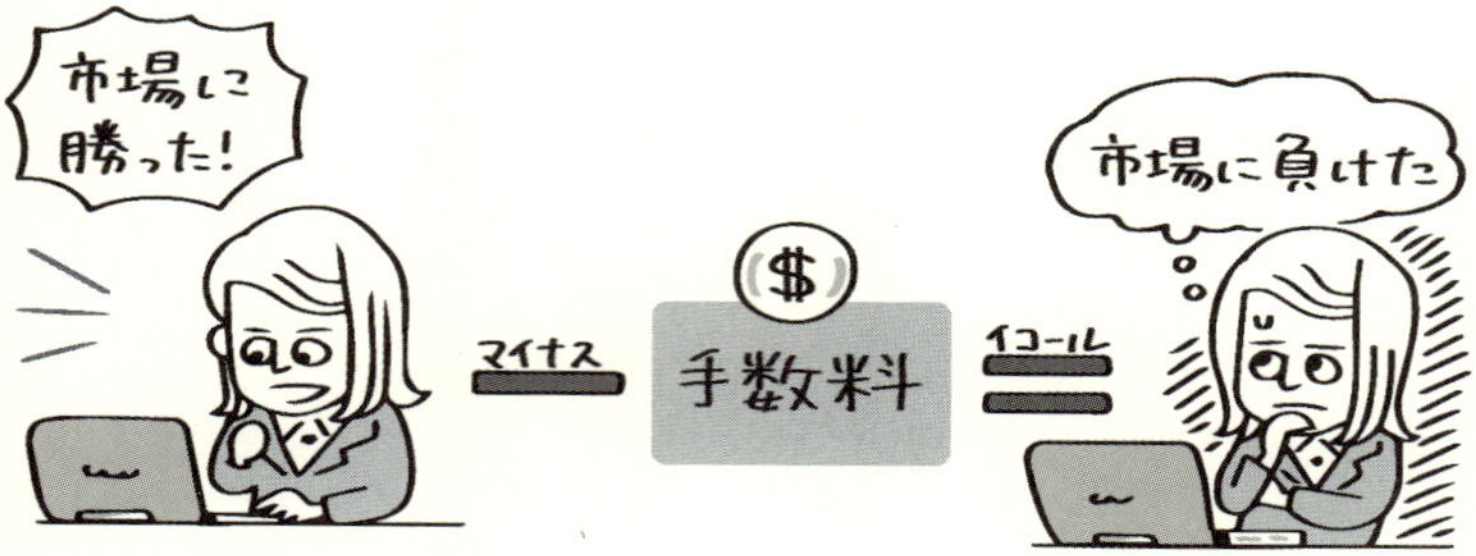

投資をするのにもお金がかかる。しかし、必要以上にお金を払う必要はまったくない。投資のコストを最小限に抑える方法を本章で見ていこう。

欲しくないものにお金を払いたい人などいないだろう。ましてや必要もないものにわざわざお金を払うなど論外だ。しかし多くの投資家は、知らないうちにけっこうなお金を払っている。中には、自分がいくら払っているか知りたくもないという人もいるようだ。

こういった態度の裏には、「かなりのリターンが出ているのだから、コストのことなど心配する必要はない」という考えがある。これは投資家にとって最悪の間違いの1つだ。

コストを甘く見てはいけない。むしろ投

資の成否を分けるといっても過言ではないくらいだ！

あなたはもしかしたら、自分はつねに市場に勝ち、コスト分の埋め合わせくらい簡単にできると考えているかもしれないが、それは経済的な合理性を完全に欠いた態度だ。手数料を差し引いても、まだ市場に勝っているアクティブファンドも中にはあるが、目論見書にある小さな文字の注意書きをきちんと読めば、過去の成績は将来のリターンを約束するものではないと書かれているはずだ。

歴史をふり返ればわかるように、継続的に市場に勝ってきた投資信託はほとんど存在しない。 投資の世界には「ミーン・リバージョン」という言葉がある。これは「平均回帰性」とも呼ばれ、簡単にいえば、どんなに大きなリターンを出したファンドも、どんなに大きな損失を出したファンドも、いずれは平均的なリターンに落ち着くという意味だ。バンガードのジョン・ボーグルは、この現象を**「投資の万有引力」**と名づけた。

コストは投資のリターンを目減りさせ、そして長い目で見ればあなたの総資産を目減りさせる。コストを払いたい人など誰もいない。それなのに、私たちはなぜか払ってしまっている——しかも、ときには自分が払っていることにさえ気づいていない。

たとえば、ほとんどのアクティブファンドは12b-1費用がかかる。これは、ファンドのマーケティングにかかるコストだ。たしかにパーセンテージにしたら低いかもしれないが、ほとんどの投資家は費用の存在にさえ気づいていない。

投資の世界には、投資家にとってまったく意味のないコストがたくさんあり、12b-1費用はその典型だ。あなたはそのファンドをすでに持っているのに、なぜそのファンドを宣伝するための費用を負担しなければならないのだろう?

第5章で触れたので覚えている人もいるかもしれないが、1980年にSECが12b-1費用を認可したとき、そもそもの目的は投資家を助けることだった。マーケティングを行えばそのファンドを買う人が増え、ファンドにかかる費用をより多くの人で負担することになるので、1人あたりの負担額が減るという理屈だ。

お金を儲けるにもコストがかかる

投資家は、コストに対してつねに目を光らせ、よけいな手数料などのせいでリターンが目減りするようなことは絶対に避けなければならない。コストを最小限に抑えることができれば、それだけ投資のリターンを増やすことができる。

投資業界はあなたのお金を狙っている。

毎日見たり聞いたりしている広告からもそれは明らかだ。それなのに彼らは、「ただ、あなたのお金が増えることを願っているだけだ」などといったりする。

そんな言葉を信じてはいけない。もし本当に顧客の利益だけを考えていたら、投資業界そのものが存在しないだろう。彼らがあんなにも投資をすすめてくるのは、手数料が欲しいからにほかならない。

もちろん、受けたサービスへの対価として手数料を払うのは当然のことだ。そして会社のほうは、顧客から集めた手数料で事業を継続することができる。利益を出すためにビジネスをするのは、自由経済の世界では悪いことでも何でもない。とはいえ、だ。

投資にかかる手数料やコストは1つではない。実際のところ、投資家はそれこそ何百という種類の経費や費用を払っている。**中には必要なコストもあるが、その他の払う必要のないコストについては、投資商品を賢く選べば避けることができる。**次項からは、主なコストとその中身について見ていこう。

委託手数料

委託手数料とは、証券（主に株や債券のこと）の売買に対して支払う費用のことだ。一般的に、エドワード・ジョーンズやUBSなど、人間の担当者が顧客にさまざまなサービスを提供する証券会社は委託手数料が高くなる。一方でネット証券は、提供するサービスは少ないが、その分だけ委託手数料は安くてすむ。

結論からいえば、委託手数料を完全に避けることはできない。しかし、低く抑えることなら可能だ。委託手数料を決めているのは、証券会社が提供するサービスの内容だ。証券会社がしてくれることが多いほど、委託手数料も高くなる。

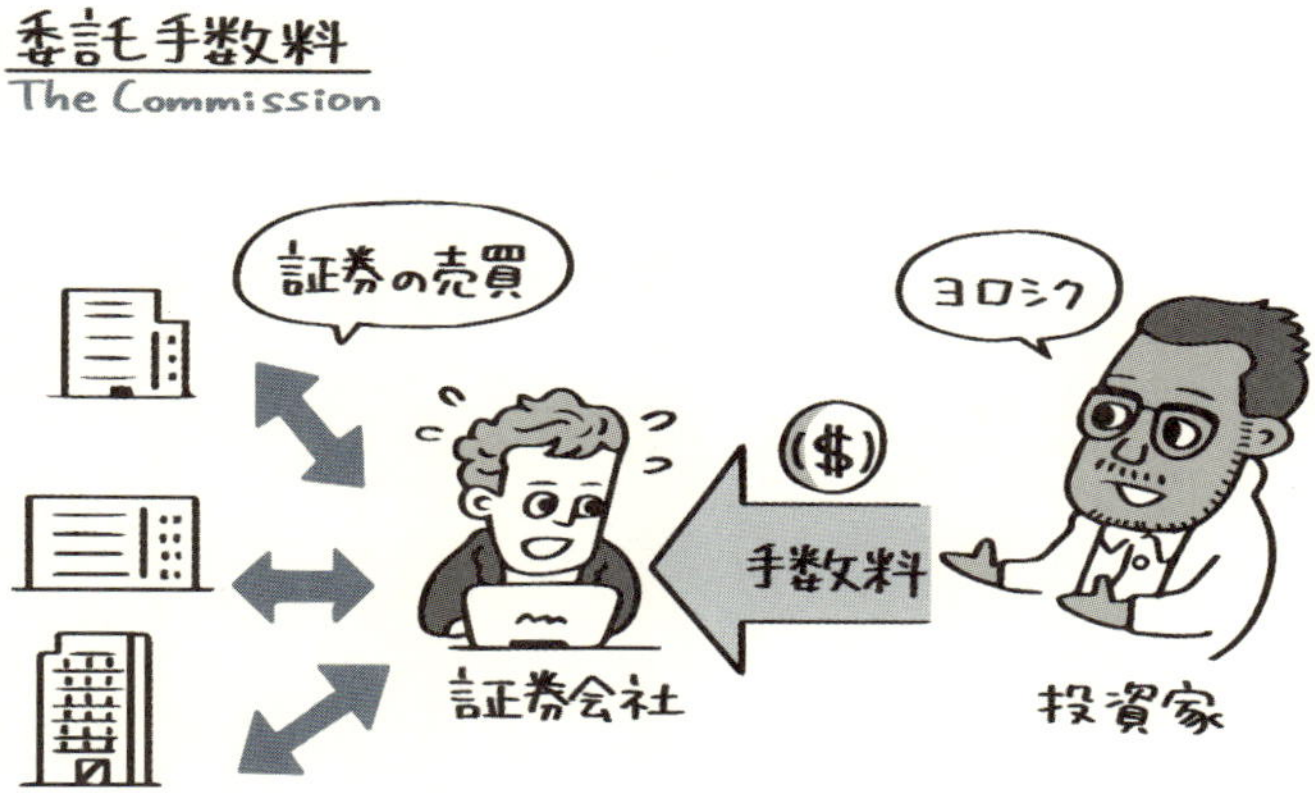

委託手数料は、あなたに代わって証券の売買を成立させてくれた証券会社に対して支払うお金だ。それに加えて、ファイナンシャル・プランナーに投資の判断をまかせているなら、委託手数料だけでなく、コンサルティング料や管理費用も払わなければならない。

投資アドバイザーの中には、とても高額の費用を請求する人もいれば、費用が極端に安い人もいる。高ければ投資額の1・5％にもなり、反対に安ければ投資額のわずか0・25％だ。0・25％のアドバイザーの仕事に満足しているのであれば、わざわざ高額のアドバイザーに替える必要はまったくない。

投資アドバイザーの費用を低く抑えるこ

ロビンフッド

Robinhood

とができれば、長期的なリターンに大きな差が出る。よく探せば、安い費用で満足できるサービスを提供してくれるアドバイザーを見つけることができるだろう。

株式投資の手数料革命

昔は株を買うのにもっとお金がかかった――実際、株そのものの値段と、手数料の値段がほぼ同じということもあったくらいだ！　200ドル分の株を買うのに手数料で50ドル支払うということも珍しくなかった。

しかし、2015年、株式投資の世界に

「ロビンフッド」と呼ばれるアプリが登場する。ロビンフッドが革命的だったのは、投資をするなら絶対に避けて通れないと思われていた手数料を、完全に無料化したことだ。このアプリを使えば、もう株を買うときに手数料を払う必要はない。

こうなると、伝統的な顧客サービスを提供する証券会社も、ロビンフッドや、その他の革新的なフィンテックと競争しなければならない。彼らが出した答えは、自分たちも同じように手数料を無料にすることだ。

２０１９年10月2日、大手証券会社のチャールズ・シュワブは、株式とＥＴＦの取引を完全に無料化すると発表した。同じく大手証券会社のイー・トレードとＴＤアメリトレードも、チャールズ・シュワブに遅れて同じ日に、同じようなプランを発表した。

これは投資家にとってきわめて重要な出来事だ。まず何よりも大きいのは、**投資の手数料が安くなると、それだけ自分の資産が減らないということだ。**以前なら証券会社の懐に入っていたお金が、自分の口座に残ることになる。そして運用に回す資金が増えるほど、複利の力が大きく働き、たとえ少額でも長い目で見れば大きく成長する。

もう1つ大きな意味を持つのは、**手数料無料の革命が、金融サービスの技術革新によって可能になった**ということだ。具体的には、この業界の破壊的企業であるロビンフッドの存在がすべてといっていいだろう。ロビンフッドの登場によって、伝統的な大手の証券会社や投資会社も、手数料を値下げして顧客サービスを向上させざるをえなくなった。

未来を予測するのは難しいが、ここでぜひ指摘しておきたいことがある。本書のオリジナル版『The Teenage Investor』が出版された2003年の時点で、私はこんなことを書いていた。

「手数料の額は証券会社によって違うので、いろいろと比較して安いところを選びたい。しかし、手数料を一切取らないという革命的な証券会社が生まれない限り、すべての取引を完全に無料で行うことは不可能だ」

驚くべきことに、私が書いた通りのことが起こったのだ。2015年にロビンフッドが登場し、手数料の完全無料化が実現したのは、まさに投資の革命だった！

手数料と経費を最小限に抑える

ここまで読んで、あなたはこんなことを考えているかもしれない。「手数料や経費やその他のコストを、安くすませる方法はあるのだろうか？」

答えは簡単だ。**さまざまな証券会社や投資商品を比較して、手数料がいちばん安いものを選べばいい。**疑問があれば、遠慮せずに証券会社に質問をしよう。手数料はとても重要な問題なので、いいかげんに扱ってはいけない。ここからは、投資にかかるコストについて詳しく学んでいこう。

まず考えるのは、手数料を払わずにすむ方法はあるのかということだ。その答えは、自分がどんなサービスを必要としているかで決まる。投資に関するアドバイスがたくさん欲しいという人は、高い手数料を払ってもフルサービスの証券会社を使うという選択肢がある。

アドバイスはいらないので、その代わりに手数料を安くしたいという人は、ネット証券が選択肢に入るだろう。手数料の額は証券会社によって違うので、いろいろと比較して安いところを選びたい。

投資のコストにはいろいろな種類がある。前の章でも見たように、たとえば投資信託の売買にかかる手数料もその1つだ。しかし、それでもあなたは、「やっぱり手数料は払いたくない」と思っているかもしれない。何らかのサービスを望むなら、手数料を完全にゼロにするのは難しいかもしれないが、大幅に減らす方法なら存在する。投資情報サイトのモーニングスターなど見て、いろいろと比較検討してみよう。

何度もくり返すが（なぜなら、くり返す価値があるからだ）、インデックスファンドなら手数料を安くすませることができる。また、第5章と第6章でも見たように、手数料を抑えたいならETFも有力な選択肢の1つだ。ETFの手数料は、インデックスファンドと同じか、それよりもさらに安い場合もある。

投資信託にかかるコスト

投資信託にかかるコストで、最初に確認したいのは「信託報酬」だ。これは投資家から集めた資金の運用や管理にかかる費用で、投資信託の運用会社、販売会社、信託会社の三者で配分される。

信託報酬は必ず払わなければならない費用だが、インデックスファンドにすることでかなり節約できる。前述したように、ファンドマネジャーが自分で銘柄を選んで運用するアクティブファンドと違い、インデックスファンドは基準となる指数に連動するように設計されているので、運用に手間がかからず、その分だけコストを低く抑えることができるからだ。

また、12b-1費用も忘れるわけにはいかない。 これもくり返しになるが、12b-1費用はもっとも無意味なコストだ。しかし純粋なインデックスファンドであれば、12b-1費用が実質的にタダになる。ここでもまたインデックスファンドの勝利だ。

投資信託の種類や販売会社によっては、売買時に手数料を請求されることもある。第5章でも見たように、購入時に払う手数料は「フロントエンド・ロード」、売却時に払う手数料は「バックエンド・ロード」と呼ばれる。さらに、「レベル・ロード」と呼ばれる手数料もある。これは毎年払う販売手数料で、知らないうちに払っている投資家も多い。中には保有額の1%も取る投資信託もあるので、投資家は注意が必要だ。

もう1つ、忘れてはならないコストが税金だ。 税金は政府にとっては最高の友だが、投資家にとっては敵でしかない。しかし、もし税金を払わなかったら、それは「脱税」と呼ばれる犯罪になる。捕まれば罰金を払うことになり、場合によっては牢屋に入れられることもあるかもしれない。

課税口座で運用している資産に関しては、株や債券などを売却した時点で出た利益に対して税金がかかり、さらに配当や利子をもらった場合も税金がかかる（売却益を「キャピタルゲイン」、利子や配当を「インカムゲイン」と呼ぶ）。税率は、キャピタルゲイン専用

信託報酬
The administrative fee

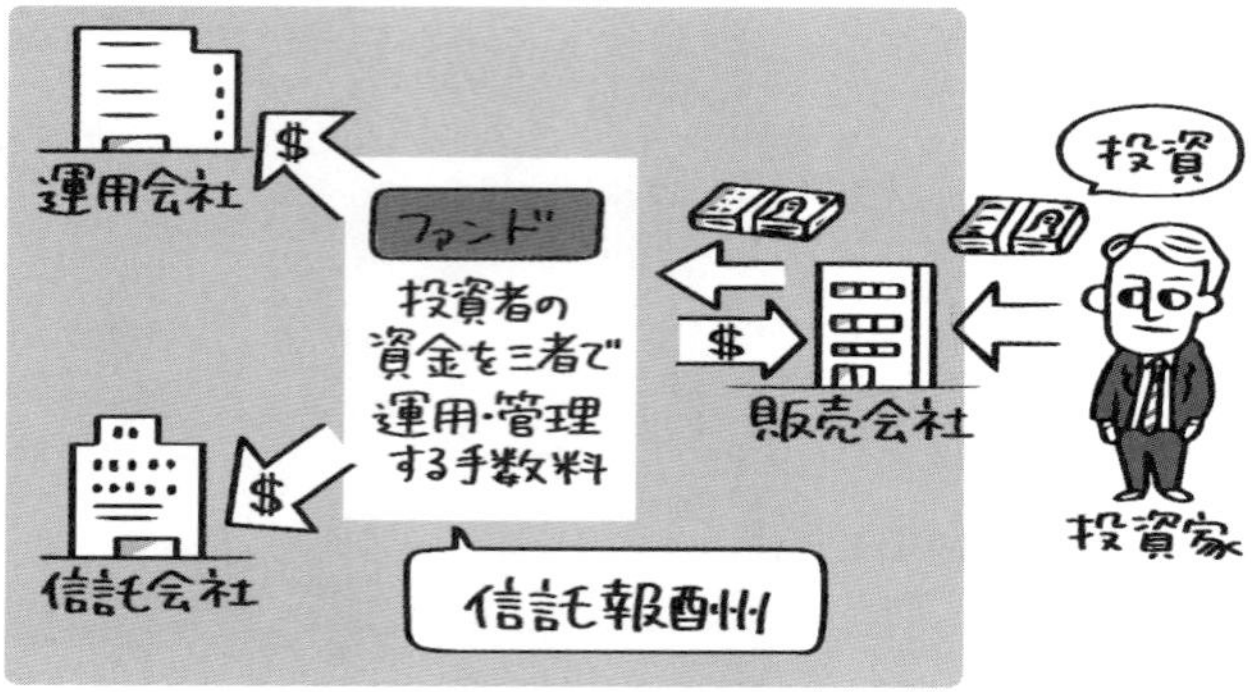

の税率が適用されることもあれば、連邦所得税と同じ税率が適用されることもある(訳注11)。

その他にもさまざまな手数料があり、あなたも投資を続けていくうちにおなじみになっていくだろう。すでに名前を知っている手数料について調べたいときは、Investopedia.comというサイトが役に立つ。

さらに詳しく知りたい人は、モーニングスターなどの投資情報サイトや、米国証券取引委員会(SEC)のサイトを活用することをおすすめする。それ以外にも、インターネットで検索すればたくさんの情報が出てくるだろう。

訳注11 日本ではキャピタルゲインもインカムゲインも一律で約20%の税金が課される。日本でアメリカ株を取引する場合、キャピタルゲインはアメリカでは課税されず、日本でのみ課税される。インカムゲインはアメリカで10%課税され、さらに日本でも課税されるが、アメリカで課税された分は控除で一部を取り戻すこともできる。

なぜ手数料を払う必要があるのか

私もできればこんなことは認めたくないのだが、それでもやはり手数料は必要だ――とはいえ、すべてが必要だというわけではない！　手数料の中にはまったく無意味なものもある。

無意味な手数料や、払わなくてもいい手数料もたしかにあるが、絶対に必要で、払わなければならない手数料もある。 これらの手数料がなくなったら、証券会社やファンドで働く人たちが失業してしまうだろう。そして彼らがいなくなると、金融市場そのものが機能しなくなってしまう。投資信託の信託報酬は、管理や運用を行ううえで絶対に欠かせない費用だ。

投資信託の売却益や分配金にかかる税金も、政府が機能するために欠かせないお金だ。誰でも税金は払いたくない。それに、税金のせいで最終的なリターンが減ってしまうのも事実だ。とはいえ、税金は社会に必要なものであり、どんなに払いたくなくても払わなければならない。

ちなみに日本の場合は、証券会社の口座には「特定口座」と「一般口座」の2種類がある。特定口座で、さらに「源泉徴収あり」を選ぶと、年間の取引の計算から確定申告までを証券会社が代わりにやってくれる。特定口座の「源泉徴収なし」を選ぶと、証券会社が年間の取引を計算してくれるので、投資家はそれをもとに簡単に確定申告を行うことができる。一般口座を選ぶと、年間の取引の計算と確定申告のすべてを投資家自身が行わなければならない。

第8章で学んだ大切なこと

投資で成功したいなら、コストを最小限に抑えることが大きなカギになる。税金をなるべく払わなくてすむように工夫する、手数料の安いインデックスファンドを買うなど、コストを抑える方法はたくさんある。

すべての投資家が忘れてはいけないのは、コストは投資のリターンを目減りさせるということだ。アクティブファンドが市場に勝つことができないのも、コストの高さが大きな要因になっている。コストはできる限り低く抑え、戦略的に資産を形成していかなければならない。

本章で学んだ大切なポイントをおさらいしよう。

- **投資にはさまざまな費用や手数料がかかる――そして、それらを最小限に抑える方法もいろいろある。**

- **ある種の費用や手数料は絶対に避けられず、投資をするなら払わなければならない。**

- **税金も投資のリターンを目減りさせる要素になる。払うべき税金を払わないのは犯罪だが、工夫次第で税金を少なくすることもできる。**

第9章

The Teenage Investor

投資専門家
見分け方の基本

世の中には、「お金のプロ」と呼ばれる人がたくさんいる。本章では、その中から本当に信用できる人を見分ける方法について学んでいこう。

投資業界は、しばしば私たち個人投資家を混乱させ、ときには怒らせることさえある。なぜそんなことになるのかというと、アナリスト、仲買人、ファイナンシャル・アドバイザーと呼ばれる人たちが、クライアントの利益よりも自分の利益を優先させることがよくあるからだ。

さて、あなたの場合はどうだろう？——これは、あなたをサポートするお金のプロたちがどんな人物であるかで決まる。彼らはあなたのことを、一生の付き合いになるクライアントとして大切に扱っているだろうか？　それともあなたのことはどうでもよくて、ただ手っ取り早く儲けることだけを考えているのだろうか？

そこで、こんな疑問がわいてくる。「誰が信用できるかは、どうすればわかるのだろう？」

本章を読み終わるころには、あなたもある程度の自信を持って判断できるようになっているはずだ。本当にあなたのためを思っている人と、自分の利益を優先させている人を見分けられるようになる。

お金のプロが金融商品をすすめる理由

投資業界で働くプロたちは、いつも何らかの株や債券、投資信託、貴金属、その他さまざまな投資商品をすすめてくる。どうやら彼らは、何が値上がりして、何が値下がりするかわかるようだ。こういったおすすめの投資商品がメディアなどで紹介されるたびに、私たち個人投資家は不満を募らせていく。なぜなら、彼らプロたちは、その投資商品をすすめる本当の理由をめったに教えてくれないからだ。

たとえば、あるアナリストがある食品会社の株をすすめるのは、本当にその会社が魅力のある投資先だと信じているからなのか？　それとも、そのアナリストが勤める証券会社がその食品会社の投資銀行業務を請け負っていて、取引先としてお金をもらっているからなのだろうか？

ここで、「証券会社が食品会社からお金を受け取ることの何が問題なのか？　正当な取引なら別にかまわないのでは？」と思う人もいるだろう。答えは簡単で、それは**「利害の衝突」**があるからだ。

利害の衝突
Conflict of Interest

世間知らずの投資家や、情報にうとい投資家は、利害の衝突のあるアナリストのいうことを信じてしまうかもしれない。アナリストは、その食品会社が魅力的な投資先である理由を口ではいろいろ説明するだろうが、それがその食品会社の株をすすめる本当の理由であるとはかぎらない。もしかしたら、その食品会社の株が売れるほど、アナリストが勤める投資銀行が儲かるからなのかもしれない。

このように、**利害の衝突は投資家にとって大きな障害になる。**アナリストがある株をすすめていても、本当に信じていいのかわからないからだ。アナリストにしてみれば、「クライアント企業との契約で5000万ドルの売上を稼いだ人物」として社内で有名になるほうが名誉なことであり、さらに自分の収入を増やすこともできる。

アナリストと株式会社が利害関係にあるのは、投資家にとっては困った事態だ。そのアナリストのアドバイスを信じて行動した人は、特に損失が大きくなるだろう。

アナリストのレポートをむやみに信用しないほうがいい理由の1つは、「売り推奨」とされる会社の割合が極端に低いことだ。いくつかの研究によると、売り推奨の会社は全体のわずか10％しかないという。

ここからわかるのは、アナリストがきちんと仕事をしていないということだ。売り推奨が10％しかないなら、残りの90％は「買い推奨」、つまり今後の値上がりが期待できるという意味になる。そんなことがありえるのだろうか？

売り推奨が少ない本当の理由は、アナリストたちが勤める投資銀行と、分析の対象となる会社の利害関係にある。投資銀行にとってそれらの会社は、すでに顧客になっているか、あるいはこれから顧客になってもらいたい存在なので、アナリストを使って相手が喜ぶようなレポートを出しているのだ。

あるアナリストからは「売り推奨」とされ、別のアナリストからは「買い推奨」とされた会社は、おそらく自社を「買い推奨」としてくれたアナリストが勤める投資銀行の顧客になることを選ぶだろう。

しかし、ここで指摘しておかなければならないのは、**悪いアナリストもいる一方で、優秀で良心的なアナリストもそれと同じくらいいるということだ。**本当に投資家のためを思い、まじめに企業分析に取り組んでいるアナリストはたくさんいる。彼らが目指しているのは、自分自身や、自分の勤める会社が儲けることではなく、投資家が投資によって利益を上げることだ。

アナリスト

そもそも、アナリストとはどういう人たちなのだろう？

アナリストとは、株式や債券を分析すること、おすすめの銘柄を発表すること、自分の担当する投資に関するレポートを書くことを仕事にしている人たちだ。通常、彼らが発表するレポートには、ある会社の展望や、その会社に投資する理由について、かなり詳しく書かれている。

広く信頼を集め、実績もあるアナリストは、さまざまなメディアで紹介されている。たとえば、投資情報誌「バロンズ」のウェブサイト（https://www.barrons.com）、投資情報サイトのティップランクス（https://www.tipranks.com）などを見ると、アナリストの過去の仕事を調べることができる。他に投資家の間で人気があるのは、投資関連情報を提供するシーキングアルファ（https://seekingalpha.com）だ。これは投資に関する情報を集めたプラットフォームで、プロの投資家から個人投資家まで、さまざまな人の分析や意見を読むことができる。私がシーキングアルファを活用するのは、ある会社についての自分の理解を補足したいときだ。このサイトに寄せられた多様な意見を読むことで、合理的に売買の判断をすることができる。

アナリストのアドバイスは、正しい投資対象を選ぶ助けになる。しかし、自分で何も調べずに、ただ彼らの言うことを鵜呑みにするのはおすすめしない。

アナリストの発言が信用できるかどうかたしかめる方法を紹介しよう。まず、自分が興味を持っている株を、彼らが扱っているか調べる。もし扱っていたら、ここ何年かの彼らの分析を入手し、実際の株価の動きと比較して、分析が正しかったかどうか確認する。

アナリストのレポートは機関投資家にしか公開されないこともあるので、その場合は情報を入手するのが難しくなるが、決して不可能ではない。もし分析が正しかったら、そのアナリストをあなたの情報源の1つとして加えよう。**とにかく大切なのは、アナリストの**

言うことをすべて鵜呑みにしないということだ。

仲買人

株式の仲買人は興味深い人たちだ。ある意味ではアナリストのようでもあるが、自分で銘柄の分析をすることはめったにない。彼らはむしろ、自分が勤める会社のリサーチ部門（アナリストがたくさんいる部署だ）の分析を頼りに意思決定を行う。一般的に、株式仲買人は金融商品を売ることで手数料を受け取るので、ここにも利害の衝突が発生する可能性がある。

もちろん、正直で良心的な仲買人も存在する。彼らは投資家の利益を第一に考え、いつでも市場についての正確な情報を伝えることを目指している。そのような仲買人が見つかったら、ぜひ末永く付き合ってもらいたい。彼らの助けを借りれば、堅実なポートフォリオを組むことができるだろう。

しかし、その一方で、自分の利益のことしか考えていないような仲買人も存在する。彼らの目的は、とにかく手数料を稼ぎ、数年のうちに副社長まで出世することだ。そういう仲買人に近づいてはいけない。良心的な仲買人であれば、電話のたびにあなたに何かを買わせようとすることはない。彼らはただ、市場の動向について正確な情報を伝えてくれるだけだ。

あなたの仲買人が、電話のたびに「うちの会社のリサーチ部門によりますと……」などといって何かを買うことをすすめてくるなら、その人との付き合いはやめたほうがいいだろう。良心的で優秀な仲買人は、リサーチに基づいて建設的なアドバイスをしてくれる。

仲買人が実際に何をするかは、提供するサービスのレベルによって異なる。ただ株式の売買を実行して、その分の手数料をもらうだけの場合もあれば、株式の売買に加えて、質の高い銘柄分析やポートフォリオの管理もサービスとして提供する場合もある。

あるいは、ただ自分の利益のことしか考えず、最新のIPOから、前年にもっとも儲かった投資信託まで、何でもかんでもあなたに売りつけようとする仲買人もいるだろう。彼らにかかると、ただ何かを買わされるだけでなく、たいてい最悪の価格でつかまされてしまう。彼らのような仲買人は、投資家の無知につけこんで自分が儲けることしか考えていない。

ほとんどの仲買人は良心的だ。とはいえ、彼らにもあまり期待しすぎてはいけない。私はなにも、ここで仲買人の悪口をいいたいわけではなく、実際に優秀な仲買人もたくさんいることはよくわかっている。しかし、仲買人になるにはたしかに資格が必要だが、比較的簡単な試験に受かるだけで、ほぼ誰でもなれるという事実は知っておいたほうがいいだろう。

ファイナンシャル・プランナー

ファイナンシャル・プランナーとは、顧客にお金に関するアドバイスをするプロのことだ。顧客のお金に関する疑問に答え、お金の目標を達成するためのプログラムを一緒に考えてくれる。顧客の状況に合わせ、理想的なポートフォリオ、資産配分、その他さまざまなお金の戦略を顧客に提供するのが彼らの仕事だ。いろいろな投資法について独自に調査をしてくれる人もいれば、税金や不動産の購入、その他ライフイベントごとにかかるお金についてアドバイスしてくれる人もいる。

ファイナンシャル・プランナーと株式仲買人を比べると、通常はファイナンシャル・プランナーのほうが提供するサービスは多い。しかし、ここで注意してもらいたいのは、**ファイナンシャル・プランナーは2種類存在する**ということだ。両者の違いは、「どこからお金をもらうのか」にある。

1つは「委託料」のファイナンシャル・プランナーで、彼らは株式仲買人に近く、投資商品を売るのを仕事にしている。彼らは顧客からお金をもらうのではなく、投資商品を出している会社から販売の委託料をもらっている。**もう1つは「顧問料」のファイナンシャル・プランナーで、資産管理や投資アドバイスなどのサービスを提供することで、顧客から顧問料をもらっている。**

投資や資産管理でプロのアドバイスがたくさん欲しいなら、顧問料のファイナンシャル・プランナーがベストの選択肢だ。委託料のプランナーは、仲買人の場合と同じように、顧客に最適なプランを考えることよりも、自分が委託料を稼ぐことのほうを優先させがちになるという問題がある。その点、顧問料のプランナーは、純粋にあなたに提供するサービスで報酬を得ているので、利害の衝突が起こる心配はない。

しかし、顧問料のプランナーならたしかに利害の衝突は起こらないかもしれないが、彼らも完璧ではないということは知っておかなければならない。彼らの多くは、顧客を獲得するためにお互いに激しい競争をくり広げている。

ファイナンシャル・プランナーを選ぶときにもっとも大切なのは、彼らがどんなサービスを提供しているのかということと、本当に顧客の利益を第一に考えているのかということだ。投資がうまくいっているときだけでなく、厳しい状況になっても一緒に乗り越えていけるようなプランナーを求めているなら、正直で良心的なプランナーを選ばなければならない。ファイナンシャル・プランナーは賢く選ぼう。

投資リサーチ会社

投資リサーチのサービスを提供する会社には2種類ある。1つは、投資銀行の業務も行っていて、リサーチする対象の会社がクライアントになっていることもある会社だ。この場合は利害の衝突が起こる可能性がある。この種のリサーチ会社は、投資家に証券を売り、銘柄分析のレポートを提供しているので「セルサイド」と呼ばれる。ゴールドマン・サックスやモルガン・スタンレーなどが代表的なセルサイドだ。

一方で、ヘッジファンドや投資信託、年金基金などは、証券を買う側にあるので「バイ

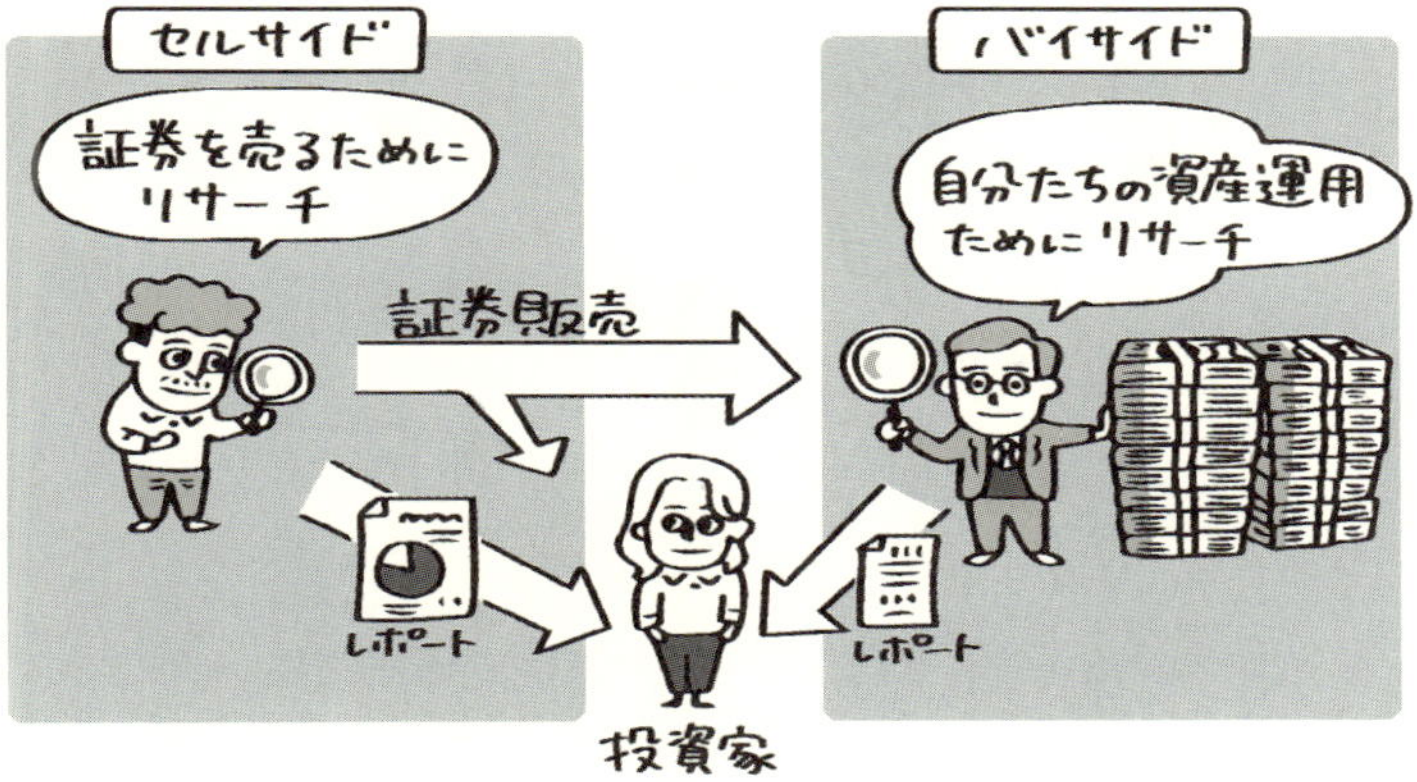

サイド」と呼ばれる。彼らは自分たちの資産運用のために投資リサーチを行い、セルサイドから証券を購入する。代表的なバイサイドは、ブラックロック（ヘッジファンド）、カルパース（年金基金）、バンガード（投資信託）などだ。

バイサイドとセルサイド以外に、独立したリサーチ会社も存在する。彼らの仕事は投資リサーチだけであり、投資銀行業務などは行っていない。リサーチ対象の会社と利害関係がないので、彼らの情報は公平で中立だとおおむね信頼できる。それはつまり、独立系のリサーチ会社の情報を信じれば、必ず利益を出せるということだろうか？

もちろんそんなことはない！　リサーチ

の情報だけで利益を出すのは、例外なく難しい。それでも独立したリサーチ会社の情報であれば、利害の衝突の心配が軽減される分だけ、利益を出せる可能性が高くなる。

いずれにせよ、**あらゆるリサーチ会社に共通する注意点は、「売り」、「買い」、「ホールド」のアドバイスを律儀に守ってはいけないということだ。**彼らのリサーチは貴重な情報として参考にはなるが、最終的な判断は自分で下さなければならない。リサーチ対象の会社と投資銀行業務の取引がなければ、たしかにより中立的な評価が期待できるかもしれないが、もしかしたら隠れた利害の衝突があるかもしれない。

投資銀行業務も行っているリサーチ会社は、クライアントの会社からお金をもらい、その会社の株を推奨するようなレポートを書くことまである。ちなみに、リサーチ・サービスを受ける契約をするときに、契約書の小さな文字できちんと説明されているなら、この行為は完全に合法だ。

アナリストがテレビに出演して、何かの銘柄を推奨すると、多くの司会者は「あなた自身か家族の誰かがその銘柄を保有していますか？」という質問をする。これは視聴者にとって、利害の衝突に気づくチャンスだ。

インサイダー取引のスキャンダルが頻発し、大きな問題になると、多くのテレビ局がこの質問を積極的にするようになった。金融市場を監督する米国証券取引委員会（ＳＥＣ）

と州司法長官も、メディアに対して、出演するアナリストや、アナリストが勤める会社のポジション（どんな銘柄を保有しているか、どんな売買を行っているかなど、具体的な投資の姿勢）を公開するように働きかけている。

アナリストがどんな分析をするかは、そのアナリストが勤める会社によって異なる。そのため、もしできるなら**複数のリサーチ会社の情報を少しずつ集めて比較し、どこかに利害の衝突がないか調べたほうがいい。**そのうえで、どのリサーチを参考にするかを自分で決めよう。

第9章で学んだ大切なこと

投資をするときは、「いい人」と「悪い人」をきちんと見分けることが大切だ。あなたの利益を第一に考えてくれているのは誰だろう？　その点でウォール街はあまり頼りにならず、ずっとあなたの投資を応援してくれるような人を見つけるのは難しい。

つまりは、自分がすでに投資している銘柄についても、これから投資を考えている銘柄についても、さらにお金のアドバイスをくれる人についても、基本的な姿勢としては、あなた自身がきちんと調べなければならないということだ。

本章で学んだ大切なポイントをおさらいしよう。

- **アナリストの中には、自分や、自分の勤める会社の利益だけを考え、あなたに正しい情報を伝えてくれない人もいる。気をつけよう。**

- **一方で、良心的なファイナンシャル・プランナーや仲買人もたくさんいる。本章で学んだことを生かせば、自分にとっていちばんのアドバイザーを選ぶことができるだろう。**

- **ファイナンシャル・プランナーの報酬は、料金体系によって「委託料」と「顧問料」の２種類に分けられる。どちらの料金体系か事前に確認し、自分に合ったほうを選ぼう。**

- **アナリストのリサーチにはとても質の高いものもある。信頼できるアナリストを見つけ、彼らが発信する情報をフォローしよう。ただし、彼らの「売り」、「買い」、「ホールド」のアドバイスを鵜呑みにしてはいけない。**

第10章

The Teenage Investor

資産配分の基本

投資も学校と同じで、「宿題」をきちんとやった人が報われるようになっている。本章では、その「宿題」がどのようなものかを学んでいこう。

株式、債券、投資信託を買う準備ができたとしても、適当に買うわけにはいかない。自分のポートフォリオのあらゆる面を注意深くリサーチして、これから買う投資商品が、自分が目指す資産配分の中でどのような位置づけになるかを考える必要がある。

本章の内容は大きく3つに分けられる。最初に見ていくのは、**「資産配分」**という考え方と、理想的なポートフォリオの組み方だ。戦略的な資産配分はとても重要だ。資産配分がしっかりしていれば、下げ相場も乗り越えて、最終的に大きな資産を築くことができる。

次に見ていくのは**「銘柄研究」**の方法だ。ある会社の株を買うかどうか判断するには、会社の財務や業績などを調べる銘柄研究が欠かせない。財務報告をきちんと読めば、もしかしたら表には出ていない問題が見つかるかもしれない。

そして最後に見ていくのは、**債券を「リサーチ」**する方法だ。国債、社債、地方債、ハイイールド債といった種類ごとに、自分に合った債券を選ぶ方法を考える。

株と債券の話を始める前に（投資信託については第5章を参照）、資産配分戦略の3つの基本的な要素をもう一度確認しておこう。それは、「投資の目標」、「投資期間」、「リスク許容度」だ。資産配分の考え方や、銘柄分析の方法なら、他人から教えてもらうこともできる。しかし、あなたの投資の目標、投資期間、リスク許容度を知っているのはあなただけだ。

自分のリスク許容度がよくわからないという人は、インターネットで「リスク許容度診断」などの言葉で検索してみよう。リスク許容度を診断できるサイトがたくさん見つかるはずだ。いくつか実際に受けてみて、結果を比較すれば、自分のだいたいのリスク許容度がわかるだろう。

株式の資産配分

株式がポートフォリオでどのような位置づけになるかは、あなたの性格、あなたのリスク許容度、そしてあなたの投資期間によって決まる。株式の位置づけが決まったら、次にやるのは、投資しようと考えている銘柄や投資商品のリサーチだ。

株に投資しようと考えているなら、大切なのは、正しい銘柄研究のスキルを身につけることと、ポートフォリオの何割を株式にするかを決めることだ。

詳しく見ていく前に、ここですべての人に理解しておいてもらいたいことがある。それは、**個別の株式や債券に投資するのは、どんな場合であっても、投資というよりも「投機」の一種**だということだ。株に投資する場合、1つか2つの銘柄しか買わないのは大きなリスクであり、少しでも油断するとすべてのお金を失ってしまう危険性をはらんでいる。

株を持つのは、会社の一部を所有するのと同じことだ。だからポートフォリオに個別株を組み込むのは、大きなリターンが期待できる反面、リスクも大きくなる。そしてもうおわかりのように、小さな会社ほどリスクが大きい。

投資の世界には、「投資で大切なのはタ

イミングではなく時間《タイム》だ」という格言がある。これは、市場のタイミングを読もうとするよりも、株を長く保有するほうがいい結果につながるという意味だ。

株に投資するなら、買った株を長期間にわたって保有する「バイ・アンド・ホールド」という戦略を選んだほうがいい。あるいは、個別株でもドルコスト平均法で積み立てて、価格変動によるリスクを抑えるという方法もある。

あなたの戦略は、買った銘柄をずっと保有している「バイ・アンド・ホールド」なので、株式がポートフォリオに占める割合がとても重要になる。**個別銘柄を買ってもいいのは、リスク許容度が高く、投資期間が長い人だけだ。**

たとえば30歳の若い人であれば、ポートフォリオの60％から70％を個別株にしようと考えるかもしれない。しかし引退間近の年齢の人の場合、個別株の割合をそこまで増やすのは賢い戦略とはいえないだろう。引退後を見据えて、利子という確実な現金収入がある債券の割合を増やしたほうがいい。

とはいえ、債券以外の資産に投資している年配の人もたくさんいる。そういう人たちは、子どもや孫に資産を遺すことを考えている。子どもや孫の世代なら、まだ投資期間を長く取れるので、多少はリスクの高いポートフォリオでも大丈夫だからだ。

チャールズ・エリスは、世界的ベストセラー『敗者のゲーム』（日本経済新聞出版）の中で次のようにいっている。「それに加えて、年配の投資家であれば本人の寿命はもう長くないかもしれないが、彼らの資産は、遺族や基金などに受け継がれた後もずっと生き続ける。そう考えれば、投資期間を投資家の寿命に限定する必要はないのかもしれない。自分の資産を、配偶者や子ども、あるいは母校などに遺したいのであれば、投資期間はもっと長く想定することができる」

自分の資産をどうするかを決めるのは投資家自身だ。自分の代で使い切りたい人もいれば、家族に遺したい、意義のある活動に寄付したいという人もいるだろう。自分のお金をどう投資するかは、投資家本人の最終的な目標と、そのときどきのお金の状況に沿って決めればいい。引退後も安定した収入が欲しいという人は債券を選ぶかもしれないし、自分の資産を後世に遺したいという人であれば、また違う選択をするかもしれない。

債券の資産配分

債券も株式と同じで、ポートフォリオで重要な位置を占めるべき存在だ。**伝統的に、**

ローリスクの債券は、ほぼどんな状況であっても安定した現金収入が期待できる。債券があらゆるタイプの投資家にすすめられるのもそのためだ。

引退を間近に控えた人や、すでに引退した人は、特に債券を重視してもらいたい。現金収入が必要で、健全な金利の金融商品を探しているなら、安定した国の国債や、格付けの高い社債がおすすめだ。本章では、債券投資の具体的な方法も紹介している。

投資で大切なのは、自分の目標を明確にすること、資産から現金収入が必要かどうか決めること、そして自分のリスク許容度と、現在の全般的な経済状態を知ることだ。広く分散された健全なポートフォリオを組めば、市場や景気がどんな状態になっても生き残ることができる。

投資信託の資産配分

第5章でも学んだように、投資信託はもっとも優れた投資方法の1つだ。第一に、投資信託なら簡単に分散したポートフォリオが組める。そして第二に、何百社、あるいは何千

社もの株式を一気に持つことができ、しかも面倒な銘柄研究は必要ない。投資信託のファンドマネジャーが、あなたの代わりにその仕事をしてくれるからだ。

つまり、**投資信託はおすすめの投資方法であり、特に優秀なのがインデックスファンドだ。**インデックスファンドは手数料が安く、それに数々の研究でも証明されているように、長い目で見ればアクティブファンドよりも高い利回りが期待できる。

すべての投資家が、インデックスファンドへの投資をもっと増やしたほうがいいと私は考えている。長い目で見れば、投資信託やETFは、個別株よりもいい成績を上げる可能性が高い。そのため、投資信託やETFを中心にポートフォリオを組むの

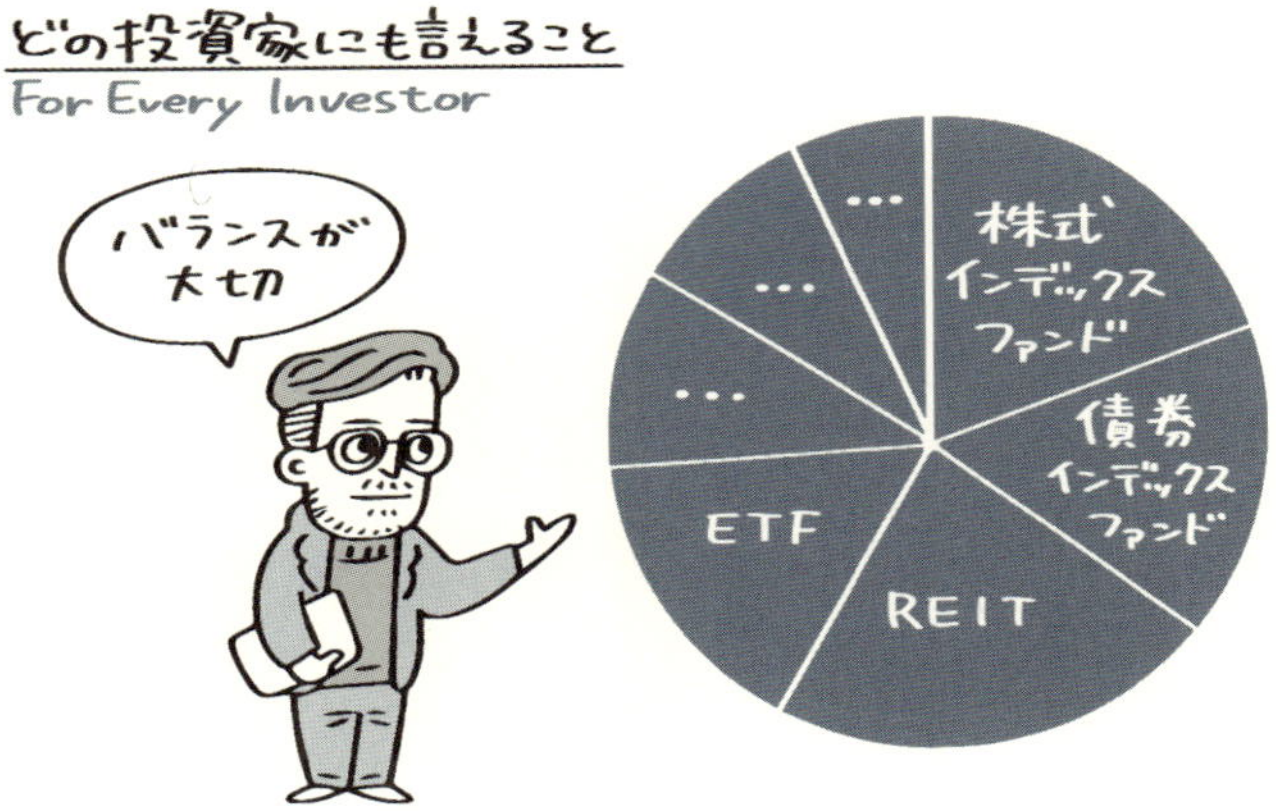

は、どんな投資家にとっても賢い戦略だ。

投資信託は株式に投資するものもあれば、債券や不動産に投資するものもある。株式、債券、不動産が、投資信託の主な投資先だ。投資信託の種類は本当にたくさんあるので、リスク許容度や、期待するリターン、現在のお金の状況などを考えて、自分にいちばん合った投資信託を選んでほしい。

たとえば、年配の投資家であれば、債券ファンドを増やして、ポートフォリオのリスクを軽減しようとするかもしれない。一方で若い投資家なら、ハイリターンを期待して株式ファンドの割合を増やすかもしれない。

インデックスファンドと違い、アクティ

ブファンドはポートフォリオの中心にしないほうがいい。安定して市場に勝ち続けられるアクティブファンドはめったにないからだ。しかし、少数のアクティブファンドを持っていれば、インデックス中心のポートフォリオのバランスを取るという効果が期待できるかもしれない。

全般的に、どの投資家にも共通していえるのは、何種類かのインデックスファンドを中心にしてポートフォリオを組むべきだということだ。どのインデックスファンドを選ぶかは、自分のリスク許容度や投資の目標に沿って決める。

資産配分を自己評価する

投資のポートフォリオを組むのは高度に戦略的な作業であり、いいかげんにやってはいけない。成功につながる資産配分プランは、下げ相場への備えが万全であるだけでなく、上げ相場にうまく乗って大きな利益を上げられるようにもなっている。**自分の投資の目標や好みに合わせて、さまざまな投資商品を戦略的に選ぶことができれば、最終的な勝利は**

ほぼ約束されるだろう。

CFA(認定証券アナリスト)の資格を持ち、ミシガン州トロイに拠点を置くポートフォリオ・ソリューションズでシニア・ポートフォリオ・マネジャーを務め、さらに『インデックスファンドのすべて(All About Index Funds)』の著者でもあるリチャード・フェッリの言葉を紹介しよう。

「まずは落ち着いて、増やしたお金を何に使うのかを考える。老後の安心のためには、資産をどれくらい増やせばいいのだろう? 目標を達成する確率を最大限に高めるには、実際に電卓を叩いて、株式と債券の正しい割合を考えることが必要なのだが、そこまでやる人はめったにいない」

たとえば自分の年齢など、たった1つの要素に従って投資戦略を決めるのは大きな間違いだ。年齢だけでなく、投資の目標やリスク許容度など、あらゆる要素を考慮しなければならない。

あなたの本当のニーズや希望を知っているのはあなただけであり、目標達成のためのプランは自分で立てられるようにならなければならない。そうやって本当に自分に合ったポートフォリオを組むことができたら、今度はそのポートフォリオに、大きく育つための時間を与える。

ポートフォリオの中身をコロコロ変えてはいけない。頻繁に売買をくり返すのは「マーケット・タイミング」と呼ばれる手法であり、これはたいていの場合、うまくいかない。

株式と債券を分析する

投資商品は何を買ってもいいというわけではない。投資商品についてよく知りたいなら、効率的なリサーチ方法がすでに確立されているので、それを学んで実践すればいい。ここで学んだことが、いずれ大きな利益になって返ってくるだろう。

投資商品についてよく知るには質問をすることが大切だ。アナリスト、ファイナンシャル・アドバイザー、ファンドマネジャーなど、自分が知りたいことに詳しい人がいたらためらわずに質問しよう。

実際に投資を始める前に、知っておかなければならないことはたくさんある。会社の財務状況や、経済全体の状況などのファンダメンタルズ（これを分析すると、財務の健全さ、業績、成長力などがわかる）、証券会社の料金体系、投資商品の売買にかかる手数料、税金、リスク、などなど。それにもちろん、その投資商品が自分のポートフォリオでどのような位置を占めるかということも考えなければならない。

必要な情報がすべて集まったら、今度はそれに基づいて自分の行動を決める。今は投資するときではないと判断したのなら、行動しないという選択肢もあるだろう。投資対象の候補は、それが何であれ、とことんまでリサーチすること。これは、すべての投資家にとってもっとも大切なアドバイスの1つだ。

次項からは、株式と債券をリサーチする方法を具体的に見ていこう。ここで覚えておかなければならないのは、どんなにリサーチをし尽くしても、投資が成功する保証はないということだ。

投資にはさまざまな不確定要素があり、結果がどうなるかは誰にもわからない。リサーチと分析の完璧な組み合わせを誰かが見つけるまでは、たとえどんなに完璧に調べたと思っても、お金を失う可能性は十分にある。

ステップ1：リサーチする会社の基準を決める

株式はどんなにリサーチしても成功が保証されるわけではないが、少なくとも、自分の安心につながるのは間違いない。会社、業界、さらには経済全体についての知識が増えるからだ。何かが起こって資産が痛手を受けるようなことがあっても、少なくとも自分は十分にリサーチした、最善を尽くしたと自信を持つことができる。どんなに念入りに備えていても、人生には悪いことが必ず起こるものだ。

数ある投資商品の中で、もっとも複雑なリサーチが必要なのはおそらく株式だろう。会社の財務諸表を読んだり、会社の内情をよく知る人たちから話を聞いたりするだけではまだ不十分だ。リサーチは簡単ではないが、同時に楽しいことでもある。それに正しく行えば、その見返りは限りなく大きい。

ここから、私が実際に使っている株式のリサーチのステップを紹介しよう。

株式投資の第一歩は、まずリサーチする会社を決めることだ。そのためには、自分なりの基準を決めて、その基準を守るのがいちばんの方法だろう。たとえば、年間の利益の伸び率が15%以上の会社しか買わないと決めたら、その基準を満たす会社だけをリサーチの対象にする。

条件に沿って銘柄をふるいにかけることを「スクリーニング」という。私がスクリーニングで愛用しているウェブサイトはいくつかあるが、その中でも特におすすめなのは、トレーディングビュー（https://tradingview.com/screener/）と、Ｙａｈｏｏ！ファイナンス（https://finance.yahoo.com/screener）の2つだ。どちらのサイトも、財務や業績のさまざまな基準で銘柄をスクリーニングしたり、必要に応じてデータを切り分けたり拡張したりできる。

自分の基準を決め、気に入った会社が見つかったら、次はステップ2に進もう。

ステップ2：会社をリサーチする

その会社についてわかることはすべて調べる。手始めに、ＳＥＣのウェブサイト（www.sec.gov）と、その会社のウェブサイトを見てみよう。ＳＥＣのサイトでＥＤＧＡ

Rシステムを使えば、フォーム10-K（株式を公開している会社がSECに提出を義務づけられている書類のこと。内容は年次報告書に似ているが、会社の業績、財務、運営、訴訟関係の情報などがより詳しく掲載されている）やフォーム10-Q（正式な監査を経ていない四半期の財務報告のこと。買収や合併など、会社の存続にも関わるような大きな変化を記載する。10-Kほど包括的ではない）など、会社がSECに提出したさまざまな報告を検索して読むことができる。

「そこまでの情報はいらない。ただ財務の数字だけわかればいい」という人は、Yahoo！ファイナンスが便利だ。会社名やティッカーシンボルで検索し、「Financials」のタブをクリックすると、その会社の損益計算書や貸借対照表が見られるようになっている（訳注12）。

データを見てもよくわからないという人は、図書館に行って、財務の数字を読む方法をわかりやすく解説した本を探してみよう。それに加えて、会社やメディアが発表する最新のプレスリリースなどの情報にもすべて目を通す。会社が抱えている訴訟、新製品、新しい他社との提携などに関する情報を知ることができる。

訳注12 日本版Yahoo!ファイナンス（https://finance.yahoo.co.jp）で財務の数字を見るには、スマートフォンのウェブ版かアプリ版を使う必要がある（PC版では見られない）。調べたい銘柄のページで「業績」タブをタップすれば決算情報が表示される。

経営陣の発言をチェックする

SECに提出された報告書の中で、会社の経営陣が「事業資金が足りなくなるかもしれない」というような発言をしていたら、その会社の株を買うのはやめたほうがいい。おそらくすでに深刻な状況になっていて、破産する日も近いかもしれない。

経営陣の発言はとても重要だ。経営陣が会社の成長と収益に自信を持っていて、自分でも自社株を買っているなら、その会社を有望な投資先に加えてもいいだろう。

とはいえ、彼らの発言をそのまま信じるのも間違いだ。威勢がよすぎる、あるいはネガティブすぎる発言は、裏に何かあると考えたほうがいい。たとえば2001年12月、アメリカの巨大エネルギー販売・IT企業のエンロンが、巨額の粉飾決算が明るみに出たことをきっかけにいきなり破綻した。この「エンロン事件」からもわかるように、経営陣が威勢のいい発言ばかりしているときは、すでに会社は破綻の一歩手前かもしれない。**経営陣の情報、考え方、経営観などをさらに知りたいなら、会社のウェブサイト、プレスリリース、年次報告書などが貴重な情報源になる。**

会社の財務状況に注目する

会社の財務情報を読むときは、いくつか確認しなければならない要素がある。**第一に、収益が安定して増加していること。**大きな増減がある、たとえば第2四半期の収益が1000万ドルで、第3四半期の収益が2億ドルなら、その会社のIR（Investor Relationsの頭文字。「投資家向け情報」という意味）担当にメールを出して説明を求めたほうがいいかもしれない。あるいは、その会社を担当するアナリストに質問するという方法もあるだろう。

次に確認するのは、その会社の株価収益率（PER）だ。PERとは、株価が1株あたりの利益（EPS）の何倍になっているかを表す数字だ。**PERがとても高い、たとえば50倍かそれ以上の会社は注意が必要だ。**よっぽど高成長の株式が欲しい人でなければ、銘柄候補のリストの上位には入れないほうがいいだろう（一般的に、高成長の会社はPERが高くなる傾向がある）。

また、**1株あたり10セントでも2ドル50セントでもいいので、会社が何らかの利益を出**

会社の財務状況に注目する
Examing the company's Finnancials

していることも絶対条件だ。もし利益を出していないなら、もしかしたらその会社は永遠に黒字にならず、遠からず破産するかもしれない。また、長期の財務の見通しが暗い会社は、資金集めにも苦労するだろう。

しかし、ここで注意してもらいたいのは、いわゆる「バリュー株」の中でも特に割安になっている株の多くも、ひょっとすると利益がまったくないかもしれないということだ。だから、利益が出ていないという理由だけで切り捨ててしまうのも間違っている。その会社の収益が成長しているか、あるいは近い将来に成長が見込まれるのであれば、いい投資先の候補になるだろう。

さらに注目したいのは、借金の状況だ。短期の借金はどれくらいあるだろう？　長期の借金は？　短期の借金、あるいは長期の借金をくり返しているような会社は、いずれ借金で首が回らなくなるかもしれない。そして、企業が借金を返せないということは破産を意味する。不況のときは特に借金が雪だるま式に増えがちで、株式市場が下落していたら資金調達も難しくなる。

そしてもし可能なら、アナリストレポートも入手したい。しかし、それはアナリストのおすすめを参考にするためではなく、会社の今後の成長についてアナリストが何をいっているか知るためだ。この先の数四半期、さらには数年の間に、その会社はどのくらい成長するだろう？

ここで大切なのは、「成長力のない会社は候補に入れてはいけない」ということだ。ただし、たとえ優良企業でも、経済や業界の状況によっては、成績の悪い四半期を経験することもある。いずれにせよ、成績の悪い四半期は、その会社が業界内でのシェアを失いつつある兆しを意味することが多い。

その他の注目点は、会社の業界内での位置づけだ。その会社は業界のリーダーだろうか？　それともライバルの後塵を拝しているだろうか？

その会社が出している製品ごとに、市場シェアを確認してみよう。いちばん確実な方法は、その会社がSECに提出した書類を見ることだ。年に1回提出する10-Kを見れば、たいていの場合、事業分野や市場セグメントごとの収益がリストになっている。

私の場合は、いつもその情報を使ってグーグルで検索している。すると、その会社自体が発表している情報や、業界紙に掲載された記事などがヒットするので、知りたい情報を見つけることができる。

たとえば、グーグルで「コカ・コーラ　市場シェア（Coca-Cola market share）」で検索するとたくさんの情報がヒットする。その中から、コカ・コーラが製造する炭酸飲料全体の市場シェアと、商品ごとの市場シェアの情報を見つけることができるだろう。

たとえば、ある大手電機メーカーの市場シェアが20％だったとしよう。これはきわめて健全な数字であり、この会社が業界内でいい位置につけていることがわかる。対照的に、たとえば市場シェアが5％にも満たないような会社はリスクが高いと考えられる。なぜなら、今後業界内で支配的な立場になれる可能性がまったくないかもしれないからだ。

もちろん、現在の大きな会社も、すべてかつては小さな会社から始まった。株で大きく儲けたいなら、時価総額が10億ドル以下の小さな会社にこそチャンスがあるのかもしれない。小型株の市場には大きなチャンスがある。しかし忘れてはいけないのは、大きなチャンスの裏には、同時に大きなリスクもあるということだ。

ここまで見てきたことは、株式のリサーチの基本としてぜひ覚えておいてもらいたい。**会社の財務諸表を読み、プレスリリースを読み、アナリストや投資リサーチ会社が発表したレポートを読む。さらに深く知りたいと思ったら、他にも調べる要素はまだまだたくさんある。**そこまでする時間はないという人は、信頼できるアナリストや投資リサーチ会社を見つけ、彼らが発信する情報をフォローするという方法もある。

株式投資で資産を増やすことはもちろん可能だ。しかしその一方で、いくら知識があっても勝つことのできない「敗者のゲーム」になってしまう可能性もある。どんなに徹底的にリサーチしても、確実に利益が出せるわけではない。投資にリスクはつきものだ。株価に影響を与える要素はそれこそ無数にあり、その多くは、あなたのコントロールの範囲も知識の範囲も超えている。

債券のリサーチ

債券は「確定インカム」とも呼ばれる。つまり、利子という形で決まった収入があるということだ。債券には、政府が発行する公債と、会社が発行する社債があり、一般的に株式ほど綿密なリサーチは必要ない。第1章で見たように、スタンダード&プアーズやムーディーズといった格付け会社による債券の格付けを参考にすることができる。投資会社には債券リサーチ専門の部署もあり、株式のリサーチと同じように、個別の会社の社債についてのレポートを発表している。

それでは、債券はどのようにリサーチすればいいのだろうか？　次項からその具体的な方法を見ていこう。

国債のリサーチ

ある国債を調べたいなら、それを発行する国について調べればいい。

アメリカは世界のスーパーパワーだ。アメリカ政府が発行するアメリカ国債は、ほぼすべての格付け会社から「AAA」の最高格付けが与えられている。この格付けからわかるのは、アメリカ国債がデフォルト（債務不履行）になる可能性はほとんどないということだ。利子の支払いも、元本の返済も確実に行われるので、投資家は安心してアメリカ国債を買うことができる。

外国の国債について調べたいときは、ムーディーズやスタンダード&プアーズの格付けを参考にするのがいちばんだ。格付け会社ごとに格付けの基準が違うので、すべての格付け会社から高く評価されているなら、その債券はいい投資対象だと判断できる。さらに詳しく知りたい人は、格付け会社のウェブサイトが参考になる。ムーディーズのサイト（www.moodys.com）なら、上に並んだタブの中から「Ratings & Assessments」を選ぶ。スタンダード&プアーズのサイト（www.spglobal.com/ratings/en/）も参考になる。

国債のリサーチ方法
Researching Government Bonds?

新興国の国債に興味があるなら、その国の経済状態について知りうる限りすべてを調べ、どの程度まで健全なのか確認しなければならない。国債の利払いと返済は順調か？ それともデフォルト寸前になっていないか？

もし**国債を買うなら、その国について知るべきことはすべて知っておくこと。**国の経済や財政だけでなく、政治状況や社会問題など、すべてを調べ尽くそう。インターネットで検索すればたくさんの情報が出てくるが、たとえばＣＩＡが出している「ザ・ワールド・ファクトブック」(https://www.cia.gov/the-world-factbook/) などはとても参考になる。ムーディーズやスタンダード&プアーズといった格付け会社も新興国のレポートを出している。最低でも、それらの格付け会社が出している国債の格付けはチェックしておこう。

新興国で発行された債券はとてもリスクの高い投資なので、ほとんどの投資家にはおすすめできない。毎晩、安心してぐっすり眠れるような投資は他にもたくさんあるのだから、こんなリスクの高い投資にわざわざ手を出す必要はない。

社債のリサーチ

株式のリサーチでは、会社の業績や財務状況を調べた。社債のリサーチも基本は同じだ。それでは、社債の場合は具体的にどうやって調べればいいのだろう?

第一に、会社の財務諸表を読み、さらに格付け会社のレポートを読む。これでその会社の社債がどこまで安全かがわかる。**次に調べるのは、会社の「資本構成」**(訳注13)**と、社債の利率と満期だ。**そこまで調べたら、かなりの自信を持って投資するべき社債を選ぶことができる。

訳注13 資本構成とは、会社が調達したお金の構成のこと。資本構成を調べるときは、株式の発行などで集めた自分のお金(自己資本)と、債券の発行などで集めた借りたお金(他人資本)がどのような割合になっているかに注目する。

予想していた人もいるかもしれないが、私はここでもやはり、インデックスファンドをおすすめしたい。個別の社債を買うよりもリスクを低く抑えることができるからだ。通常、債券のインデックスファンドは、ブルームバーグ米国総合債券インデックスという指数に連動するように設計されている。

その他にも、さまざまな短期、中期、長期の債券インデックスファンドがある。債券も株式と同じで、個別の債券よりも債券インデックスファンドを持ったほうが、リスクを低く抑えながら広く分散投資を行うことができる。ここでもまた、インデックスファンドがもっとも賢い選択だ。

地方債のリサーチ

地方債のリサーチも、国債や社債のリサーチと基本は同じだ。しかし地方債の場合は、格付け会社のレポートを読み、自分のお金がどんなことに使われているのか調べる必要もある。

地方債の特徴は、ある特定のプロジェクトの資金集めのために発行されるということだ。プロジェクトには、建物の建設、ダムの建設、原子力発電所の建設、道路の建設など、さまざまな種類がある。

この中でリスクが高いのは、たとえば原発建設のために発行された地方債だ。原発自体がリスクの高い施設なので、そのための地方債もリスクが高くなり、リスクが高い分だけ利率も高くなる。もっと安全な地方債を探しているなら、下水道や公園の整備など、税金からも支出がある公共事業のための債券を選ぶといい。

ハイイールド債のリサーチ

すでに学んだように、ハイイールド債はきわめてリスクの高い投資だ。平均よりもハイリターンだが、その分だけデフォルトのリスクも高い。

ハイイールド債に分類される会社や国は、よく知られていないか、あるいは経営状態や経済状況が悪化しているために、利子の支払いと元本の返済がきちんとできるのかよくわ

からない。ハイイールドの国債は主に新興国や発展途上国なので、もしかしたら経済の破綻を避けるために、どうしてもお金を借りなければならない状態なのかもしれない。

いずれにせよ、ハイイールド債は、それが社債であっても国債であってもある1つの共通点がある。それは、キャッシュフローに問題があり、いつ財務状況が悪化してもおかしくないということだ。

とはいえ、たしかにハイイールド債はハイリスクだが、広く分散されたポートフォリオを組む助けになってくれることも事実だ。きちんと注意して扱えば、全体的な資産配分の中で重要な役割を果たしてくれる。

ハイイールド債も、会社や政府が発行した債券という点では普通の債券と変わらない。ただ他よりもリスクが高いという特徴があるだけだ。そのため、最終的に利払いと元本の返済に問題がなければ、大きな利益を上げることができる。

私が本書で、普通の社債や公債と、ハイイールド債を分けて扱っているのは、リサーチ方法やリスクとリターンの考え方が、普通の債券とは大きく異なるからだ。

私は第4章で、「ハイイールドの社債への投資はやめたほうがいい」といった。第5章でも個別のハイイールド債への投資は避けるようにいっている。ここで重要なのは、自分のリスク許容度を知ることだ。もしあなたが「自分はギャンブラーではない」と思うなら、ハイイールド債をポートフォリオに組み込むのはリスクが高すぎるだろう。

その一方で、**ハイイールド債が大きなチャンスにつながることがあるのも事実だ。**ポートフォリオをさらに分散させるためにハイイールド債にも投資したいという人は、ハイイールド債のインデックスファンドか、手数料がもっとも安いアクティブファンドを買うようにしよう。個別のハイイールド債は、やはりリスクが高すぎる。

第10章で学んだ大切なこと

資産配分はとても大切だ。自分の投資プランを立て、そのプランを守ること。投資の世界で成功するのは、自分で決めたことを守れる人だ。

コストを最小限に抑え、十分に分散されたポートフォリオを組み、市場で何があっても資産配分プランを守ることができれば、投資の勝利の方程式に限りなく近づくことができる。

本章で学んだ大切なポイントをおさらいしよう。

- **自分の投資の目標と将来の夢、リスク許容度、投資期間に基づいて資産配分を決める。**

- **リサーチは大きな助けになるが、リサーチさえすれば投資の成功が約束されるわけではない。**

- **ハイイールド債のようなハイリスクの投資をしたいなら、個別銘柄ではなく投資信託を選ぶ。特にインデックスファンドがおすすめだ。**

第11章

The Teenage Investor

資産防衛の基本

資産形成で成功するコツは何だろう？　それは**「ゆっくりと、しかし着実に前に進んでいくこと」**だ。そうすれば成功する確率が高くなる。その理由を本章で説明しよう。

ここでもまた、『イソップ寓話』に出てくる有名なウサギとカメの物語を思い出してもらいたい。最後に勝利を収めるのは、最初から猛スピードで走り出し、途中で飽きて居眠りしたりしていたウサギではなく、ゆっくりと、しかし着実に進んでいったカメだった。すべての投資家が、このカメのようにならなければならない。

私が投資を始めたばかりの1990年代、市場はインターネット株に熱狂していた。当時の投資家たちの目標は、とにかく手っ取り早く儲けることだ。そのためなら、デイトレードでもマーケット・タイミングでも何でもやった。リスクの高いNASDAQ銘柄に大金をつぎ込んだ人もいる。

あの時代は、株で儲けていない人、または株で儲けることに興味がない人は、周りからどうかしていると思われていたのだ！　もちろん、あぶく銭は消えるのもあっという間だ。NASDAQは、2000年3月に記録した当時の最高値から一気に75%以上も下落した。

トレードと投資は違う。トレーダーはつねにタイミングを計り、売ったり買ったりをくり返す。そこからもわかるように、トレードはギャンブルと同じだ。ギャンブルは、これで生計を立てているプロにまかせておけばいい。素人がヘタに手を出すと、おそらくお金を失うことになるだろう。特に何の下調べもせずにやってしまったら、悲惨な結果になりかねない。ゆっくりと、しかし着実に資産を築いていけば、最終的に成功できる確率は高くなる。

資産形成

投資の目的は、資産を築き、さらに築いた資産を維持することだ。インデックスファンドを中心に、十分に分散されたポートフォリオを組めば、ゆっくりと、しかし着実に資産を増やすことができる。

伝統的に、インデックスファンドは長期投資のための手段だ。投資期間が20年あり、着実に資産を形成したいなら、インデックスファンドがいちばんの選択肢になるだろう。前にも見たように、インデックスファンドの資産配分は、それこそ無数のやり方が考えられる。

たとえば、投資期間が20年ある若い投資家が、ポートフォリオの80%を株式のインデッ

図10　投資期間20年のポートフォリオ例

ファンドの種類	資産配分
国内中型株インデックスファンド	20%
国内小型株インデックスファンド	20%
国内社債ファンド	20%
S＆P500インデックスファンド	40%

クスファンドにしたとしよう。ここで考えられる株式インデックスファンドの資産配分は、国内中型株インデックスファンドを20%、国内小型株インデックスファンドを20%、国内社債ファンドを20%、そして残りの40%をS&P500のインデックスファンド、などがある。

ちなみに、資産の8割を株式にするのは攻撃的な資産配分だが、最低でも20年、あるいはそれよりも長くなる可能性も高い投資期間を考えれば妥当な資産配分だ。このポートフォリオは、さまざまな種類の株式に投資するという形で分散されているが、株式に偏っていることに変わりはない。資産の8割は株式市場のパフォーマンスに依存することになる。

しかし、歴史をふり返れば、成功する確率は高いということがわかる。20年あれば、株式市場は例外なく値上がりしているからだ。チャールズ・エリスは『敗者のゲーム』の中でこういっている。「投資の世界では、長期の平均的な結果に驚くことは決してない。しかし短期の結果はつねに驚きだ」

資産を守る

資産を正しく配分し、インデックスファンドを中心にした攻撃的すぎないポートフォリオを長期にわたって運用すれば、あなたはおそらく資産を築くことができるだろう。しかし、その資産を守るのはまた別の話だ。投資の目標を達成したら、今度はその資産を守っていかなければならない。資産を増やす段階から資産を守る段階への移行は、資産形成で避けて通れない道だ。

定期的な収入を得るために主に債券に投資してきた人も、あるいは成長を見込んで主に株式に投資してきた人も、それぞれに合った資産の守り方はすでに存在する。誰にでも共通するベストの方法は、短期債券のインデックスファンドか、堅実な地方債をいくつか買うことだ。

もちろん、資産をすべて現金化して銀行口座に預けることもできるが、それはベストの選択肢ではない。理由を説明しよう。銀行預金は伝統的に金利が低く、インフレ率を下回ることが多い。つまり、金利で預金が増える額よりも、インフレで物価が上がる額のほうが大きいということだ。

その状況で銀行に預けっぱなしにしていると、実質的な資産はどんどん目減りしていく。たとえば、銀行預金の金利が2%で、インフレ率が3%なら、資産は毎年1%のペースで減っていくことになる。しかも、ここからさらに税金が取られるのだ!

銀行に預けるくらいなら、複数の地方債か、地方債のインデックスファンドを買ったほうがいい。地方債なら、安定した利子の収入があり、元本もほぼ安全だ。本章では、大きく育てた資産を守る方法を具体的に見ていこう。

ゆっくりと、着実に

ゆっくりと、しかし着実に前に進んだ人がレースに勝つ。でも、なぜそうなるのだろう?

もっともシンプルな答えは、**急いでお金持ちになろうとする人は頻繁に資産の売買をしてしまう**からだ。そうなると、必然的にマーケット・タイミングを行うことになる。

すでに学んだように、市場のタイミングを完璧に読むことは不可能だ。マーケット・タイミングでは期待したようなリターンは得られず、いたずらに売買をくり返し、払う手数料だけが増えていく。これを続けていたら資産は減るばかりで、いずれ破産してしまうだろう。

だからこそ、「ゆっくりと、しかし着実に」資産を育てることが大切になる。ゆっくりと前に進めば、急いでいる人がやりがちな失敗の多くを避けられる。それに加えて、市場の値動きに振り回されないので、毎晩ぐっすり眠ることもできるだろう。

個別株投資についてはプラス面とマイナス面の両方を見てきたが、ゆっくり資産を育てるもっとも確実な方法は、ポートフォリオのほぼ100％をインデックスファンドにすることだ。株式と債券のさまざまな種類のインデックスファンドをバランスよく保有する（ただし、引退間近の人、あるいはすでに引退した人は例外かもしれない）。

もちろん、株式と債券の比率は、投資家の年齢によって大きく変わるだろう。バンガードのジョン・ボーグルによると、債券の割合を自分の年齢にするのが、だいたい正しい資産配分になるようだ。たとえば25歳の人なら、ポートフォリオの25％を債券のインデックスファンドにして、残りの75％は株式のインデックスファンドに投資する（すべての上場企業を含む指数に連動するファンドなど）。この資産配分で長期投資を行えば、投資の目標の多くを達成できるだろう。

それでも、自分の年齢や人生の変化に合わせて、資産配分を調整することも必要だ。ただし、頻繁な売買はよくないので、資産配分の調整は本当に必要なときにだけ行うこと。適切な調整を行えば、市場の荒波をうまく乗り越えて、資産を増やしていくことができる。

極端な下げ相場で心の平安を保つのはとてつもなく難しい。それはどんな年齢の人でも同じことだ。しかし、何があってもブレずに自分の決めたことを守り抜き、必要なときに資産配分の調整をきちんと行ってきた人なら、どんな相場も乗り越えることができるだろう。

ゆっくりと、しかし着実に進むことには多くの利点があるが、その1つは、不必要で、しかもリターンにもつながらないリスクを取らなくてすむということだ。

ゆっくりと、しかし着実に資産を形成する人は、インデックスファンドがほぼ100%のポートフォリオを組んでいる。このポートフォリオに不必要なリスクはなく、ときに値下がりすることがあっても、長い目で見れば成長することはほぼ確実だ。

ふと気づいたら一文無し?

濡れ手に粟《あわ》の大儲けを夢見る人はたくさんいる。そんな人たちにとって、株式市場は大当たりの可能性が高いスロットマシーンのようなものだ。そこで彼らは、大きなリターンを狙って攻撃的なトレードをくり返す。

しかしこれは、投資ではなく、実質的には投機だ。彼らのほとんどは、自分のしていることをよく理解していない。インデックスファンド中心の堅実なポートフォリオを組んでいる人に比べ、どれだけ大きなリスクを取っているかわかっていないのだ。**トレードのモードに入ってしまった投資家は、一歩間違えば簡単に全財産を失うことになる。**目先の利益にとらわれるよりも、長期の目標を見据えて堅実に運用したほうが、最終的にはより大きなリターンを手にすることができる。

投資に失敗して一文無しになってしまった人の多くは、なぜそうなったのか理解していない。なぜなら彼らは、「投資」と「トレード」の違いがわかっていないからだ。

私は「投資」と「トレード」を次のように定義している。**売買の頻度が、毎日、毎週、あるいは毎月であれば、それはトレードだ。それに対して、基本はドルコスト平均法の積み立てで、資産配分を調整する必要があるときだけ臨時の売買を行うのが投資だ。**

投資には規律と粘り強さが求められる。素人の投資家が市場に勝とうとすると、いずれ規律も粘り強さも失うことになるだろう。そして本人は、そのことに気づいていない。

大きなリターンを求めて積極的な売買を始めたら、あなたはもう投資家ではなくトレーダーであり、ヘタをすると投機家にまでなっているかもしれない。つまり、リスクを取りすぎている状態だ。合理的な投資家は、市場がどんな状態でも、絶対に投機には手を出さず、そのため一文無しになることもない。

資産を育てる

何度もいっているように、多くの投資家にとっては、インデックスファンドが100%のポートフォリオがもっとも合理的な選択肢だ。その中での株式と債券の配分は、それぞれの目標やニーズに合わせて決める。適切に配分されたインデックスファンドのポートフォリオを組んだ人は、頻繁に売買をくり返すトレーダーや投機家と違って無駄な手数料を払わないので、資産を効果的に増やすことができる。

適切な資産配分は人によって違うので、自分の目標やニーズをきちんと明文化して、それに沿って配分を決めるのが大切だ。資産配分は難しくない。それに投資関連のメディアでもあまり注目されていないが、それでも大切なことに変わりはない。効果的に資産を増やしたいなら、やはり適切な資産配分を決めるのがベストの方法だ。

多くの人は、特に深く考えることもなく、とにかく儲かりそうなものに投資してしまう。必要なリサーチも行わず、自分の目標やニーズに照らし合わせることもない。

歴史をふり返ると、たとえば1920年代の好景気や、1990年代のインターネット

ジョン・ボーグルの格言
The advice of John Bogle
適切な資産配分で
航路を守って進む
INDEX

株ブームでも、人々はファンダメンタルズなど一切気にせずに株を買っていた。株価が絶好調だったので、何を買っても儲かったからだ。

しかし、これは間違ったやり方だ。現に１９２０年代の好景気は１９２９年の株価大暴落で終わりを告げ、１９９０年代のインターネット株ブームも２０００年代初頭のバブル崩壊で終わりを告げている。ただ当てずっぽうに買うだけでは、投資で成功することはできない。

インデックス投資のレジェンドであるジョン・ボーグルもいっているように、「適切な資産配分を決め、手数料の安いインデックスファンドでポートフォリオを組み、後は航路を守って進むだけでいい」ということだ。成功する投資戦略とは、実はこんなに単純なことだ。

資産防衛

債券や債券ファンドもポートフォリオに組み込んで、できるだけ安全に運用している人もいれば、ほぼ株式100%で攻撃的な運用をしている人もいるだろう。いずれにせよ、資産形成で目標の金額を達成できたら、そこからは資産を守るということも大切な仕事がある。

第2章で学んだように、**複利には絶大な力がある。資産を守るというと、単利の債券や、低金利の普通預金を考える人も多いだろうが、それ以外の選択肢もあることを覚えておこう。**

たとえば、定期預金やMMFなど、普通預金よりも金利の高い口座にお金を預けておけば、たとえ引退後であっても、資産を守りながらさらに育てていくことができる。複利は投資家にさまざまな利益をもたらしてくれる。複利の力で資産を築いた例は、それこそ枚挙にいとまがない。

たしかに、定期預金やMMFの金利もそこまで高いわけではない。株式の成長力にはもちろん、債券ファンドのリターンにもかなわないだろう。しかし、複利は複利であり、それに加えて元本が減る心配もないのも大きな魅力だ（それにそもそも、「資産を守る」段階に入れば市場に勝つ必要もない）。

資産を育てる段階でカギになるのは正しい資産配分だ。そして資産を守る段階に入ってからも、資産配分の大切さは変わらない。目標を達成してからは、もう株式インデックスファンドが100％のポートフォリオは組みたくないと思うかもしれないが、債券や債券ファンド、あるいは金利の高い銀行口座などで、まだそれなりのリターンは欲しいかもしれない。

債券は利子の支払いが確実で、利率も比較的高いので、資産を守る段階では理想的な投資商品の1つになる。中でももっとも有力な候補の1つは地方債だろう。利子を稼げるだけでなく、さまざまな税金の控除も受けられる。

まとめると、資産を守るのは、資産を育てるのと同じくらい大切だということだ。そもそも、せっかく育てた資産を守ることができなかったら、育てた意味もなくなってしまう。伝説の投資家で、『賢明なる投資家』（パンローリング）の著者であるベンジャミン・

グレアムはかつてこういっていた。「株式市場で資産を増やす人もいれば、株式市場で資産を守る人もいる」

資産を守って、お金に悩まずに生きる

資産を守るのは大切だ。しかし、お金に困らない生活を送るのはそれ以上に大切だ。それでは、経済的に余裕のある生活は、どうすれば達成できるのだろうか？　答えは、投資でリスクを取りすぎないこと、そして実生活では不必要な借金をしないことだ。

これは投資について学ぶ本なので、借金についてはあまり詳しく触れないでおくが、ここで忘れてはいけないのは、どんな借金であっても間接的に投資に影響を与え、長い目で見ればポートフォリオや資産全体を左右する決定的な要素になりうるということだ。

カギになるのは、資産と負債の割合だ。運用資金、持ち家、自動車などは資産に入り、住宅ローン、自動車ローン、クレジットカードの借金などは負債に入る。総資産から総負債を引いた額が、あなたの純資産だ。

借金がたくさんある人は、それだけ利息もたくさん払っている。そのため長い目で見ると、いくら投資で稼いでも、利息のせいで資産は目減りしていくだろう。もちろんこれは避けるべき事態であり、あなたにできるのは、可能な限り借金を減らすことだ。

経営学者で、経営コンサルタントとしても活躍したマイケル・ルボーフは、著書の『一生お金に困らない人のシンプルな法則―究極のミリオネア入門』（ダイヤモンド社）でこういっている。「勝者の仲間入りをすることと、勝者にとどまり続けることはまったく別だ。どちらも努力が必要だが、努力の種類が違う。あなたの第一の仕事は、経済的自由を維持するために必要な努力をすることだ」

資産を減らす要因には、他にも「補償されないリスク」があげられる。補償されないリスクとは、相応のリターンが期待できないリスクのことだ。たとえば、何のリサーチもせずに個別株やリスクの高い社債を買うのは、補償されないリスクに含まれる。個別の株式や債券を買いたいなら、きちんと調べるか、自分がよく知っている投資対象にかぎること。それも1つの銘柄だけでなく、複数の銘柄を組み合わせて購入する。そして買うなら、一生持ち続けるつもりで買わなければならない。

まとめると、補償されないリスクと、不必要な借金は避けなければならないということだ。どちらもあなたの資産を減らす敵になる。

第11章で学んだ大切なこと

すべての投資家が知っておかなければならないのは、資産を育てるのも大切だが、育てた資産を守るのも同じくらい大切だということだ。残念ながら、多くの人は資産を守ることの大切さに気づいていない。その結果、メディアなどでもてはやされる怪しい投資話にだまされてしまうのだ。

資産を育て、育てた資産を守ることができれば、人生でやりたいことはほぼ何でもできる経済力が手に入るだろう。

本章で学んだ大切なポイントをおさらいしよう。

- **長期の視点で投資する。投機を避け、「ゆっくりと、しかし着実に進んだ人がレースに勝つ」ということを忘れない。**

- **マイケル・ルボーフは、著書の『一生お金に困らない人のシンプルな法則─究極のミリオネア入門』の中で、私たちにすばらしい助言を与えてくれた。「勝者の仲間入りをすることと、勝者にとどまり続けることはまったく別だ。どちらも努力が必要だが、努力の種類が違う。あなたの第一の仕事は、経済的自由を維持するために必要な努力をすることだ」という彼の言葉を、つねに心にとどめておこう。**

第12章

The Teenage Investor

資産運用の基本

貯金はいつ始めるのがいちばんいいのだろう？　それは「今」だ！

この質問に対する答えは、「今」以外にありえない。なぜなら、始めるのが早ければ早いほど、資産をより大きく育てることができるからだ。貯金のコツを一言で表現すると、「pay yourself first」（まず自分に支払う）となる。簡単にいえば先取り貯金だ。

お給料などでお金が入ったら、真っ先に貯金の分を専用の口座などに移し、残ったお金で生活する。こうすれば、資産を育てながら、同時に資産を守ることができるだろう。すべての投資家が、この習慣を身につけなければならない。

本章では、効果的な貯金の方法を具体的に見ていこう。

すべては貯金から

「貯金は大切」——これはいわれてみれば当たり前のことだが、それでも多くの人ができていない。手元に今のところ使わないお金があるけれど、近い将来には使う予定がある場合、どうするのが正解だろう？　答えは簡単で、**「利息のつく銀行口座に預ける」**だ。

タンス預金でもなく、財布に入れっぱなしでもなく、マットレスの下でもない。大切なのは、利息がもらえるところに預けることだ。利息のあるところに預けておけば複利効果が働くのは紛れもない事実であり、そして使わないお金に働いてもらうのがとても大切であることも、また紛れもない事実だ。

それなのに、多くの人はこの事実に気づかず、使わないお金をただ財布に入れておいたりしてしまう。ときには何百ドルも財布に入っていることもある。これは間違ったお金の保管方法だ。複利効果と、複利が資産を育てる力を、決して忘れてはいけない。

意外に思うかもしれないが、**財布に入**

れっぱなしのお金も実はリスクにさらされている。それは、盗まれるかもしれないリスクという意味だろうか？　たしかにそれも可能性としては考えられる。しかし、もっと大きなリスクはインフレだ。

インフレは資産を目減りさせる。インフレとはモノやサービスの価格が上がることなので、インフレになると、以前と同じ金額で同じものが買えなくなる。それはお金の価値が下がるということなので、当然ながら、あなたの資産の価値も下がってしまう。

お金を財布やタンスに入れておいても利息はつかない。そうやって何年か放っておくと、インフレの分だけお金の価値が下がっていく。自分のお金を財布やタンスに入れっぱなしにしている人は、複利の力に気づいていない。使わないお金は必ず銀行に預け、利息を稼いでもらわなければならない。

今すぐに貯金と投資を始めよう

貯金は今すぐに始めよう。たとえ1日たりとも無駄にしてはいけない。その1日で利息を稼ぐことができるからだ。こう考えてみよう。貯金を1日先延ばしにするたびに、あなたは利息で稼げたはずのお金を失っているのだ。

銀行に預けたお金は利息がつく。債券を買っても利子が支払われる。長い目で見れば、ただ財布に入れておいたお金と、複利で増えたお金の間には大きな差ができるだろう。昔からいうように、「時は金なり」ということだ。

投資に時間をかけるほど、大きな資産を築くことができる。50年かけて100万ドルの資産を築くほうが、1年で100万ドルの資産を築くよりもはるかに簡単だ。「時は金なり」という格言は、まさに文字通りの意味だということがわかるだろう。

使わないお金は利息のつく口座に預ける。それが1ドルでも1000ドルでもかまわない。たとえば、金利4%の銀行口座に1000ドルを1年間預けると、1年後の残高は1040ドルだ。40ドルはたいした額ではないと思うかもしれないが、その「はした金」が積み重なって大きな資産につながるのだ。

私自身、ただ銀行に預金するだけで資産をかなり増やすことができた。利息がつくというのは、お金がお金を稼いでくれるということだ。複利の力が絶大であることは何度も見てきたが、債券のような単利の力もバカにできない。お金が入るたびに先取り貯金をして、貯まったお金を投資に回せば、より早く資産を築くことができるだろう。

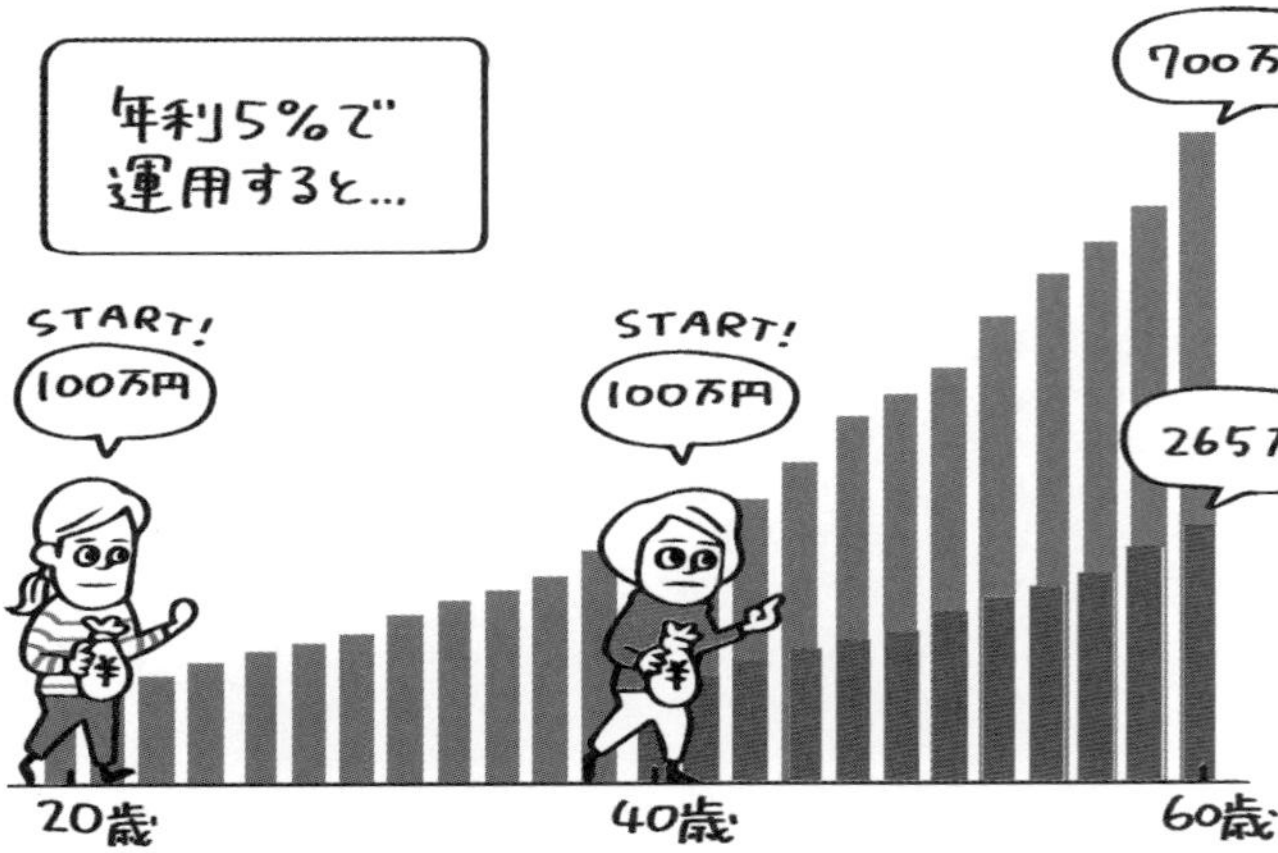

利息の話をすると、よくこんな質問が出てくる。「銀行は利息を払っているのに、どうやってお金を儲けているの？」

その答えは、**銀行もまたお金を貸して利息を稼いでいる**からだ。払う利息よりも高い利息をもらえば、それが銀行の儲けになる。このように銀行が預金者に払う利率と、銀行が貸したお金の利率の間の差から出た利益のことを「利ざや」と呼ぶ。利ざやのシステムがあるおかげで、銀行が利ざやで稼いだり、お金が必要な人がローンを借りたり、銀行で働く人が給料をもらえたりする。こう考えると、銀行業が「ウィン・ウィン・ウィン」の状況であることがわかるだろう。

究極的に、**今すぐに投資を始めれば、そ**

の分だけ将来の資産は大きくなる。単純なことだ。投資を早く始めるほど、投資にかけられる時間が長くなり、時間をかけた分だけリターンも大きくなる。この項目のタイトルからもわかるように、今この瞬間に投資を始めれば、将来の大きなリターンが約束されるということだ。

投資にかける時間が長いほど、あなたのお金が働く時間も増え、最終的にたくさん稼いでくれる。つまり、どこからどう見ても、貯金と投資を始めるのは今しかない。時間は世界でもっとも貴重な資産だ。それを活用しない手はないだろう。

リスク、リターン、貯金

銀行に預けたお金が元本割れを起こしたり、または貯金が丸ごとなくなったりすることはあるのだろうか？　預けた額が25万ドルまでであれば、その心配はない。連邦預金保険公社（FDIC）と呼ばれる組織が、アメリカ国内の合法的な銀行口座に預けたお金であるなら、1口座名義につき25万ドルまで保護してくれるからだ（訳注14）。

訳注14 日本では預金保険機構と呼ばれる機関が、預金者1人につき、1金融機関ごとに元本1000万円までとその利息等を保護してくれる。

それを超えた額は保護の対象にならないので、銀行が破産し、その銀行に25万ドルを超える額を預けていた場合は、預金の一部、あるいは全部を失ってしまうかもしれない。だから銀行に預けるお金は1口座名義につき25万ドルまでにしておくこと。

銀行預金のリスクとリターンの関係はとてもシンプルだ。リスクはほとんどなく、リターンもほとんどない。しかし、私の考え方は少し違う。そもそも、銀行預金のリターンが本当にほとんどないのなら、私はここまで熱烈な複利の信奉者にはなっていない。**銀行に預けておくだけで複利効果が働くのだから、リターンはむしろとても大きい。**あなたが銀行に預けたお金は、口座の中で毎日成長している。わずか数セントずつかもしれないし、数ドルずつかもしれないが、成長していることは間違いない。その小さな積み重ねが、やがて大きなリターンにつながるのだ。

第12章で学んだ大切なこと

本章の内容を一言でまとめると、「今すぐに貯金を始めよう」となる。

貯金を始めるのが早ければ早いほど、投資の成功への道を着実に歩み出すことができる。貯めたお金は、インデックスファンドに投資してもいいし、その他の資産に投資してもいい。もちろん、適切な資産配分も忘れてはいけない。

そしてもう1つ大切なのは、投資に時間をかけることだ。時間が長ければ長いほど、あなたのお金はより大きく育つ。正しい投資を長く続ければ、誰でも簡単に資産を築くことができる。わずか1年か2年で大金を儲けようとするのは、本当の投資ではない。

- **できるだけ早く貯金を始め、リスクとのバランスに気をつけながら、できるだけ高いリターンで運用することを目指そう。**

- **時間はもっとも貴重な資産の1つだということを忘れないようにしよう。**

- **1つの銀行口座に25万ドル以上を預けてはいけない。万が一銀行が破綻したら、FDICが保護してくれるのは1口座名義につき25万ドルまでだ。**

第13章

The Teenage Investor

臆病な投資家の心得

分散投資でも、リスクゼロにはならない

あなたは心配性だろうか？　それとも、普段は平気だが、下げ相場のときはやはり不安になってしまうタイプだろうか？　どちらか1つでもあてはまるなら、運用資金をすべて株に投資するのではなく、少なくとも一部は安全な資産に投資したいと思うかもしれない。本章では、市場が心配な動きをしたときに頼りになる安全な投資先について学んでいこう。

まず確認しておきたいのは、**リスクを完全に避けるのは不可能**だということだ。絶対に安全な投資は存在しない。すべてのリスクを取り除いたら、すべてのリターンも手放すことになってしまう。インフレと税金を考慮すれば、リターンどころかむしろ資産は目減りしていくだけだ。

下げ相場になっても、リスクを最小限に抑えながら、さらにリターンも欲しいという人は、本章の内容が参考になるだろう。下げ相場でもチャンスは存在する。ただ探すべき場所を知っていればいいだけだ。

仲買人やファイナンシャル・プランナーから、完全にノーリスクで最大限のリターンを稼ぐことができるなどといわれたら、新しいアドバイザーを探したほうがいい。

メディアのせいで、投資家の間にはある誤解が広まっている。それは、分散投資でリスクをゼロに抑え、さらにハイリターンを稼ぐことができるという誤解だ。これは完全な間違いであり、こんなウソを広める人たちは、おそらく投資のことが何もわかっていないのだろう。

もちろん分散投資は大切であり、実際に私も分散投資を行っている。しかし、**分散投資でノーリスクハイリターンが可能になるというウソは、絶対に信じてはいけない。**理由は単純で、そんなことは不可能だからだ。

たとえアメリカ国債が100％のポートフォリオでも、そこには「金利リスク」が存在する。金利リスクとは、金利の変動によって資産の価値が目減りするかもしれないリスクのことで、主に債券のような確定インカムの投資で起こる問題だ。

ここで、金利と債券価格の関係について説明しておこう。市場で売買される債券は、金利の動きによって日々価格が変動している。基本的には、金利が上がると債券価格は下落し、金利が下がると債券価格は上昇する。

たとえば、金利が2％から4％に上がったら、金利2％の債券は魅力が薄れ、市場で売られて価格が下落する。逆に金利が2％から1％に下がると、金利2％の債券の魅力が増

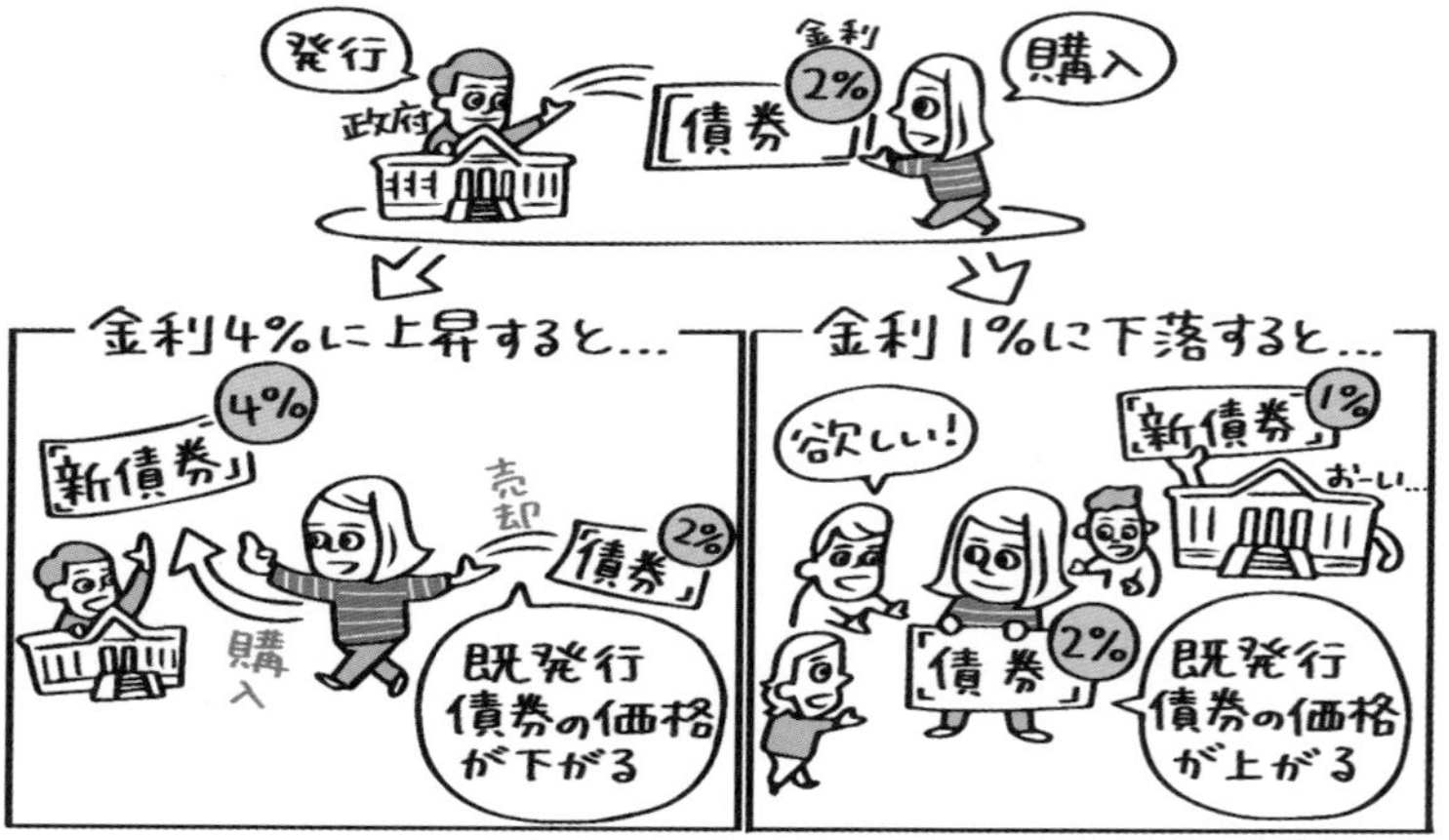

して市場で買われ、その結果として価格が上昇する。

つまり国債を保有している間に金利が上昇したら、あなたが持っている国債の価格は下がるということだ。そして満期までの期間が長いほど、金利上昇の影響も大きくなる。

たしかにアメリカ国債は、アメリカ政府の「十分な信頼と信用」によって保証されているかもしれないが、それでも絶対に価値が下がらないというわけではない。

金融市場には、つねに何らかのリスクが存在する。リスクがまったくなかったら、リターンもゼロになる。**あらゆる資産クラスに投資し、十分に分散されたポートフォリオを組んでも、リスクを完全に取り除くことはできない。**何度もいうように、分散投資でリス

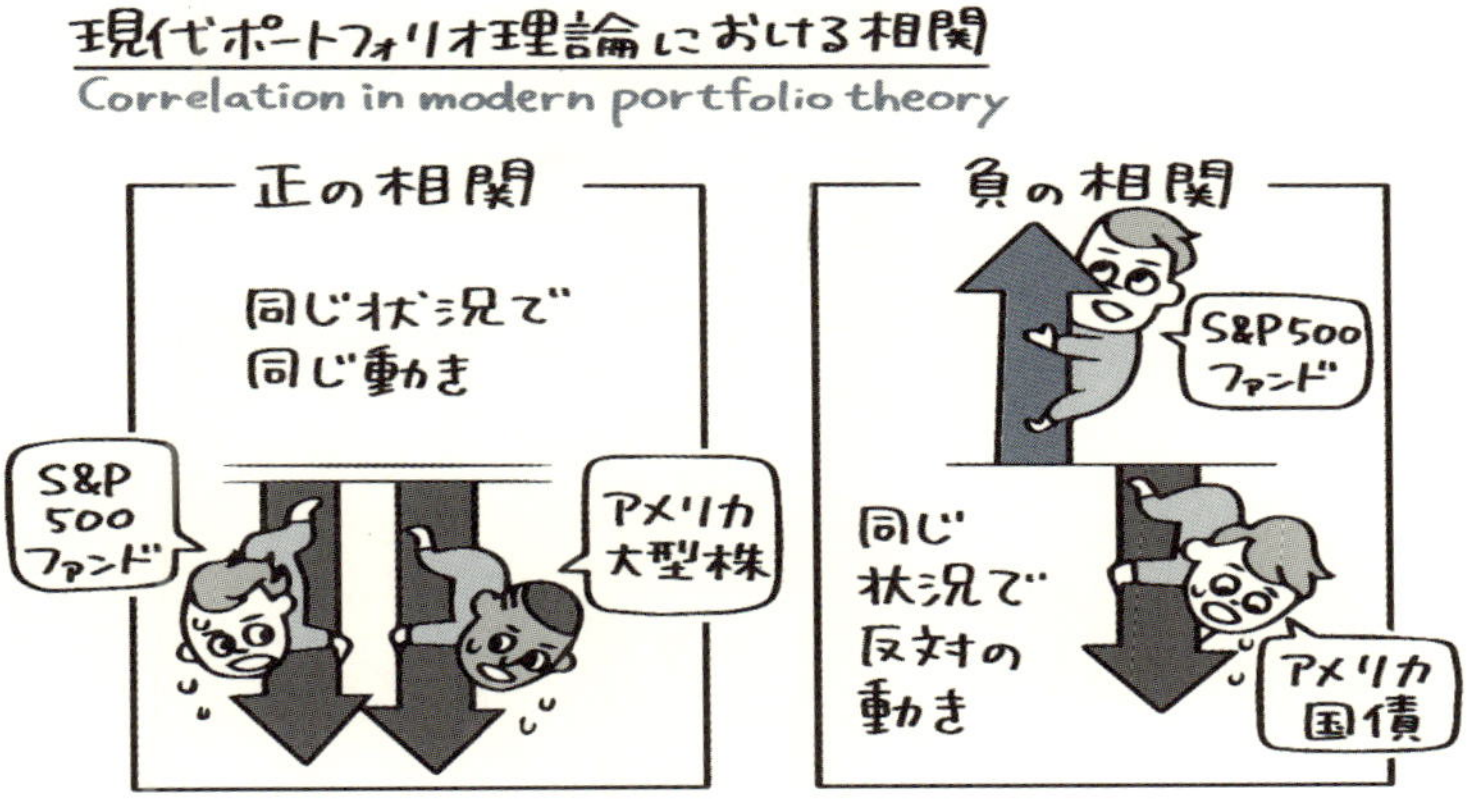

クをゼロにするのは不可能だということだ。

第2章に登場したハリー・マーコウィッツを覚えているだろうか？　マーコウィッツはノーベル賞を受賞した経済学者で、現代ポートフォリオ理論の父と呼ばれている。現代ポートフォリオ理論とは、あらゆる資産クラスに分散して投資することでリスクを軽減できるという考え方だ。

もう少し詳しく説明しよう。現代ポートフォリオ理論では、さまざまな投資の選択肢を吟味して理想的なポートフォリオを組むことを目指す。この理論の根拠になっているのは、投資する資産の期待リターン、ボラティリティ、そしてそれぞれの資産の間にある「相関」がわかれば、ポートフォリオ全体の期待リターンとボラティリティも計算できるという考え方だ。この計算から導き出された理想的なポートフォリオは「効率的フロンティア」と呼ばれる。

さらに詳しく説明することもできるが、長くなってしまうのでこれくらいにしておこう。要するに、分散投資が大切だということだ。

現代ポートフォリオ理論は、すべての投資家におすすめできる優秀な投資方法だ。さまざまな資産クラスに資金を分散すれば、リスクを軽減し、リターンを拡大することができる。

現代ポートフォリオ理論に登場する相関とは、簡単にいえば、同じ状況で反対の動きをする資産を組み合わせたほうがいいということだ。たとえば基本的なところでは、株式と債券、アメリカ株と外国株、大型株と小型株、といった組み合わせが考えられる。数字が苦にならない人であれば、自分で相関係数を計算して、資産配分のレベルをもう一段上げることもできるだろう。

不動産

一般的に投資の対象とされているが、本書にまだ登場していないものの1つが不動産だ。昔から、株式市場が不調になると、投資家の間で不動産の人気が高まる傾向がある。不動産はなぜそんなに特別なのだろう？　株式や投資信託とは異なり、不動産は「ハードアセット（実物資産）」だ。**ハードアセットとは、不動産、貴金属、宝石、アンティーク、コイン、芸術作品、収集の対象になる「コレクティブル」など、物理的なモノとしての資産のことで、投資対象になるだけでなく、実際に使うこともできる。**

不動産投資信託（REIT）

不動産に投資するなら、不動産そのものを買うという方法があるのはもちろん、不動産投資信託（REIT）を買うという方法もある。REITとは、さまざまな不動産を組み合わせた金融商品のことだ。

ここで気になるのは、なぜ不動産を持っていると、株式市場が下落したときのリスクヘッジになるのかということだろう。答えは単純で、景気が悪くなると、金利が下がる傾向があるからだ。金利が下がると、不動産を購入するときのローン金利も下がる。すでにローンを組んでいる不動産のオーナーは、低金利のローンに借り換える。すると毎月の返済額が下がるので、その分だけＲＥＩＴの利益も増える。

また、ＲＥＩＴを買うのは不動産を所有するのと同じことなので、株式に対するリスクヘッジになるという理由もある。ＲＥＩＴ自体が十分に分散されていれば、さらにヘッジ効果が高くなる。中でも、病院や老人ホーム、集合住宅などに投資するＲＥＩＴ、あるいはそれらを所有するＲＥＩＴは、景気に左右されることが少ない。どんなに不景気でも病院や住む場所は必要だからだ。

このように、ある種の不動産は、株式が弱気相場に入ったときの効果的なリスクヘッジになる。とはいえ、オフィスやホテルなどの不動産は、不景気のときに効果的なリスクヘッジにはならない可能性もある。

不景気になると、会社が倒産したり、もっと家賃の安い場所に移転したりして、オフィスビルに空きができるかもしれない。そうなるとオーナーのところに入ってくる家賃収入も減少する。不景気になると旅行する人が減るので、ホテルも空室が増えるだろう。するとホテルの収入が減り、ホテルに投資するＲＥＩＴの利益も減ることになる。

たいていの人は、投資の対象として不動産を購入することはめったにない。買うとしたら自分が住む家だけだ。不動産は高額なのはもちろん、購入するときにとても煩雑な手続きが必要になる。投資用の不動産に興味はあるが、そういった面倒は避けたいという人にとって、ＲＥＩＴは有効な手段だ。

ＲＥＩＴにはさまざまな種類があり、投資対象もオフィス、小売店、ホテル、集合住宅など多岐にわたっている。前にも説明したように、ＲＥＩＴは不動産の投資信託だ。投資家からお金を集めて不動産に投資し、その不動産から得られる家賃などを分配金として投資家に配る。投資家であるあなたは、ＲＥＩＴを買うだけで、ＲＥＩＴが投資する不動産の一部を所有したり、管理したりできるということだ。

さらに、ＲＥＩＴは分配金も魅力的だ。不景気で株の配当などが下がっているときは、その点だけでもＲＥＩＴが有力な選択肢になるだろう。

それに加えて、ＲＥＩＴは実物の不動産と違って流動性が高い。不動産は売りたくなってもすぐに売れるかどうかわからないが、ＲＥＩＴは株や債券と同じように簡単に現金化できる。

ＲＥＩＴはポートフォリオの重要な位置を占めることができる資産であり、強気相場のときであっても魅力的な投資になる可能性もある。しかし、気をつけてもらいたいこともある。それは、経済全体が不景気になれば、ＲＥＩＴもまた値下がりする可能性があると

いうことだ。

新型コロナウイルスのパンデミックによって、すべての不動産がリスクヘッジになるわけではないという現実が突きつけられた。不動産は大きな経済の流れから影響を受ける。近年では、リモートワークが普及したことで、オフィスビルなどの不動産が影響を受けた。また、持ち家派よりも賃貸派が増えることも、不動産相場に影響を与えるだろう。

ここで投資家にできる対策は、個別銘柄のＲＥＩＴではなく、インデックスファンドやＥＴＦのＲＥＩＴを買うことだ。たとえば、バンガード不動産ＥＴＦ（ＶＮＱ）を買うだけで、さまざまな不動産に分散して投資することができる。

ＲＥＩＴファンド：アクティブファンドとインデックスファンド

個別ＲＥＩＴや、不動産関連会社の個別株は買いたくないという人は、ＲＥＩＴファンドや不動産ファンドに興味を持つかもしれない。どちらもアクティブファンドとパッシブファンドがある。

パッシブファンドのＲＥＩＴインデックスファンドなら、たとえばＭＳＣＩ ＵＳ ＩＭＩリアル・エステート25／50インデックスなどの指数に連動する。この指数は２０２２年８月31日の時点で１６４のＲＥＩＴで構成されている。ＲＥＩＴの指数は他にもいろいろある。

REITファンドのもう1つの利点は、分配金に魅力があるということだ。ＲＥＩＴは通常、四半期ごとにそれなりの現金収入があるので、分配金という形で投資家に配ることができる。そもそもＲＥＩＴは、利益のほとんどを投資家に還元することが義務づけられている。

ＲＥＩＴや不動産のアクティブファンドもいろいろと出ているが、他のほとんどのアクティブファンドと同じように、インデックスファンドと比べて手数料が高くなっている。私のおすすめはやはりインデックスファンドで、前にも紹介したバンガード不動産ＥＴＦ（ＶＮＱ）などがいいだろう。このＥＴＦはＭＳＣＩ ＵＳ ＩＭＩリアル・エステート25／50インデックスに連動しているので、ＲＥＩＴを含めてさまざまな不動産に分散投資できる。

一般的に、不動産はインフレ対策としても有効だ。不動産担保ローンはたいてい固定金利であり、インフレになって不動産価格が上がったからといってローンの返済額が上がるわけではない。つまり、時価よりも安い価格でその不動産を所有できるということだ。

市場に勝つことを目指しているREITファンドを買いたい人は、どうやって探したらいいのだろうか？　私のおすすめはグーグル検索だ。「REIT　アクティブファンド」で検索するといろいろ出てくるだろう。

あるいは、株のアクティブファンドと同じように、Yahoo!ファイナンスの「Mutual Fund Screener」を使うという方法もある。候補がいくつか見つかったら、ファンドが保有する資産を確認する。REITファンドは、最低でも資産の80％をREITか REIT関連の資産に投資しなければならないという決まりがある。

特に興味を持ったファンドがあれば、ファンドを販売する会社のウェブサイトで目論見書などを読んでみよう。経費率を確認し、本当に投資する価値があるかどうか判断する。手数料が高すぎるなら、インデックスファンドにしたほうがいいかもしれない。REITの場合も、市場に勝てるファンドを見つけるのはとても難しく、インデックスファンドに投資するほうが手軽でコストもかからない。

ここまで読んで、**「REITもポートフォリオに入れたほうがいいのだろうか？」と考えた人も多いだろう。私の答えは「イエス」だ。**そもそも私は、インデックスファンドが100％のポートフォリオを推奨しているので、当然REITでもインデックスファンドがおすすめだ。ＥＴＦであれば先ほどあげたバンガード不動産ＥＴＦ（ＶＮＱ）、投資信託ならバンガード不動産株インデックス・ファンド（ＶＧＳＩＸ）などがいいだろう。

ＲＥＩＴがポートフォリオ全体に占める割合は、５％から10％くらいが適切かもしれない。ＲＥＩＴは債券と並んで、ポートフォリオの安全性を高める役割を果たしてくれる。

不動産、ＲＥＩＴ、ＲＥＩＴファンド

ここまでは、不動産、ＲＥＩＴ、ＲＥＩＴファンドについて解説してきた。不動産関連の資産について、前よりも理解が深まったと思ってもらえたら幸いだ。**ＲＥＩＴや不動産は有効なリスクヘッジの手段であり、ぜひポートフォリオに加えることをおすすめする。**

『投資家のための「入門」不動産投資信託：米国リートの成功例に学ぶ』（プログレス）の著者であるラルフ・ブロックは、「ＲＥＩＴは一貫して高い利回りが期待できるので、市場の値動きに対する緩衝材の役割を果たしてくれる」といっている。ＲＥＩＴは一般的に高利回りであり、高利回りは高い分配金収入につながるのでそれ自体が魅力的だ。ただ

し、REITが分配金の支払いをやめれば、当然ながら分配金は入ってこなくなる。

REITのインデックスファンドは、ポートフォリオのリスクヘッジに有効な投資だ。

多くの人は市場の激しい値動きに耐えられず、自分のお金を守るために安全な避難先を求めている。REITはそんな避難先の候補になるだろう。REITもさまざまな種類が出ているので、きちんと調べて自分にぴったりのものを選ぼう。

不安定な市場でのリスクヘッジ

ここ最近の市場はきわめて不安定な動きをしているようだ。主要な株価指数が1日のうちに2%かそれ以上も変動することも少なくない。世界に目を転じても安定とはほど遠い状況であり、それが市場の激しい値動きに拍車をかけている。

証券口座の自分のポートフォリオを確認したときに、マイナスの数字がずらりと並んでいたりすると、動揺するのも当然だ。

しかし、こんな状況でも、やはり「航路を守れ」が最高のアドバイスだと私は信じている。私自身、株式市場の日々の値動きは追わないようにしている。よく考えた資産配分であれば、短期的にマイナスになることはあっても、長期的には問題ないという自信があるからだ。

株価の動きを追いかけていると、かえって不安が大きくなり、それが間違った投資の判断につながってしまうかもしれない。テレビを消し、スマホで株価をチェックするのをやめ、投資とはまったく関係ないことに意識を向けよう――これが、私にできる最高のアドバイスだ。

自分の年齢と、リスク許容度に合った資産配分になっているのであれば、過度な心配は必要ない。せっかくの時間とエネルギーを、もっと他の楽しいことのために使おう！

とはいえ、私のいうことは理解できても、やはり不安定な市場での効果的な対策について知りたいという人もいるだろう。**私のおすすめはインデックス投資だが、それ以外にあげるなら、増配株に投資するという方法もある。**

増配株とは、財務状況が健全で、毎年のように配当金が増えている銘柄のことだ。そのような会社は、堅実に成長し、増えた利益をきちんと株主に還元している。受け取った配当金は、同じ銘柄の再投資に回してもいいし（こうすれば複利効果が最大になる）、他の銘柄に投資してもいいし、あるいは投資にはまったく関係ないことに使ってもいい。

増配株の魅力は、現在のようなインフレが過熱する状況でもインフレ率を超える利回りが期待できること、そして配当金が貴重な収入源になることだ。

それに加えて、増配ができる会社は、たいてい財務がしっかりしているので、どんな経済状況になってもキャッシュフローを生み出すことができる。それもまた、市場の不安定さに対するリスクヘッジになるだろう。たとえ株価が下がっても、それなりの配当金が期待できるので、トータルのリターンを押し上げることができる。

すでに述べたように、リスクに備えるもう1つの方法は分散投資だ。

資産を分散させることがなぜ重要なのかというと、それがそのままリスクの分散につながるからだ。たった1種類の株、あるいは投資信託だけを保有していると、それが大きく値下がりしたときに、自分の資産も大きく目減りしてしまう。しかし、違う値動きをする資産も保有していれば、値下がり分を補えるかもしれない。

1種類の資産だけだと、その値動きに振り回されることになるが、さまざまな種類の資産に広く分散していると、変動を抑えてリターンを安定化することができる。

たしかに現代は、昔の常識が通用しない「ニューノーマル」の時代なのかもしれないが、長い時間をかけて培われてきた投資の原則は、この先も変わることはない。それは、感情的な判断を避けること、資産を分散すること、そして経営や財務状況のしっかりした会社に投資することだ。

金、その他の貴金属

株価の値下がり、不景気や政情不安、そしてあの忌まわしいインフレに対するリスクヘッジを探しているなら、金やその他の貴金属は、不動産よりもさらに頼りになるかもしれない。

人類は数千年前から金や貴金属を購入してきた。純粋に美しいものを所有したいというだけでなく、社会が混乱したときに自分の資産を守るためでもある。貴金属は、物理的な形（延べ棒、コイン、など）で取引されることもあれば、先物やオプション、採掘会社の株式や債券、投資信託、その他の投資商品の形で取引されることもある。

安全な資産として金を所有している人はたくさんいる。金やその他の貴金属への投資で利益を上げる方法だけで、1冊の本が書けるくらいだ。

貴金属に大きなリターンは期待できないが、歴史をふり返ると、インフレに合わせて価

格が上昇してきたことがわかる。それが貴金属の強みだ。

あなたがアメリカに住んでいて、アメリカが何らかの戦争に関わることを心配しているなら、仮に最悪の事態になっても金が心強い味方になってくれるかもしれない。金地金《きんじがね》（金の延べ棒）や、その他の貴金属をため込むことには賛成しないが、投資信託の形で貴金属に投資するのが正解になる場合もたしかにある。

金

本項では金について学んでいこう。物理的なモノとしての金、金を扱う会社、金の投資信託それぞれについて理解すれば、金を自分のポートフォリオに加えるのが適切かどうか判断できるようになるだろう。

投資に何らかのリターンを求めているなら、金地金は買わないほうがいい。金の塊を持っていても、配当や利子は入ってこないからだ。そういう人は、最初から金関連の投資信託に集中しよう。

金投資には、金の採掘、精錬、販売などを行う会社の株や債券を買うという方法もある。そういった会社の多くはきわめてリスクが高く、しかもそのほとんどが補償されないリスクだ。なぜそうなるかというと、多くの採掘会社は、利益を出せるほど大量の金を見つけることができないからだ。自分が実際に採掘現場にいて、目の前で金が採掘されるのを確認できないのであれば、金関連企業への投資は避けたほうが無難だろう。

私の考えを述べよう。**もしあなたが金に投資したいのなら、投資信託を買うのがいちばんの方法だ。**投資信託であれば、大きな会社から小さな会社まで数百社に投資することになるので、リスクを分散することができる。

銀

「もう1つの貴金属」と呼ばれることもある銀も、金と同じように政情不安に対するリスクヘッジになるが、金ほど頼りになるわけではない。

興味深いことに、モルガン・スタンレーのレポートによると、産出される銀の5割以上が重工業やテクノロジー関連に使われているので、銀の価格はグローバル経済の動きと連動しているという。対して金は、ジュエリーや投資目的に使われるのが一般的なので、グローバル経済の影響はさほど受けない。

このようなグローバル経済との相関があるために、銀価格は金よりも経済状態の変化に敏感に反応する。それに加えて、銀は金よりも流動性が高く、さらに値動きも激しい。これを書いている2022年12月の時点で、1オンス（約28グラム）あたりのそれぞれの価格は、銀が23・55ドル、金が1777ドルだ。それなりの額の銀の延べ棒やコインを買うなら、保管するために巨大な金庫が必要になるだろう！

銀に投資したいなら、貴金属の投資信託を買うことをおすすめする。金採掘会社と同じで、ほとんどの銀採掘会社もきわめてリスクが高く、投資したお金がまったく返ってこない可能性もあるために「投機的」とみなされている。

ここで大切なのは、ウォール街の宣伝文句にだまされないことだ。金や銀への投資をさかんにすすめられるかもしれないが、甘い話に乗ってはいけない。個人的には、**銀関連会社への投資は、資産を傷つける可能性があまりにも高いのでやめたほうがいい**と思っている。

何度も見てきたように、個別の会社に投資するのはリスクが大きすぎる。これは補償されないリスクであり、ポートフォリオの健全性を脅かす重荷になるだけだ。貴金属に投資するなら、投資信託の形で買うことをおすすめする。

貴金属ファンド

貴金属に投資する方法は、現物を買う以外にもいろいろある。中でも種類が豊富なのは、金に特化したETFだ。たとえば、SPDRゴールド・シェア（GLD）や、iシェアーズ・ゴールド・トラスト（IAU）などがある。

SPDRゴールド・シェア（GLD）は通常、10分の1トロイオンスの金の価格に連動するように設計されている（トロイオンスとは金など貴金属の重さを示す単位。通常の1オンスは約28グラムだが、1トロイオンスは約31グラムでやや重い）。GLDは実物の金を保有し、一時期は金地金の保有量で世界のトップ10に入ったこともある。

iシェアーズ・ゴールド・トラスト（IAU）と、その銀版であるiシェアーズ・シルバー・トラスト（SLV）も、金と銀の現物価格に連動するETFだ。他には、貴金属のアクティブファンドもたくさん出ている。グーグルで検索すればいろいろ見つかるだろう。**ファンドが投資する資産の中身、経費率、投資戦略を確認し、自分の投資目的に合ったものを選ぶことをおすすめする。**

貴金属と資産配分

現物の貴金属も資産配分の一部に入れるべきなのだろうか？　私の答えは「ノー」だ。貴金属には不確定要素があまりにもたくさんあり、利益がまったく出ない可能性が高いからだ。

それでは、金や銀の鉱山に投資するのはどうだろう？　その投資もリスクが非常に高く、しかも補償されないリスクだ。それなら、金や他の貴金属の投資信託は？　それならかまわないかもしれないが、あまり期待しないほうがいい。

安全な資産が欲しいなら、既に学んだように、私がおすすめするのはＲＥＩＴのインデックスファンドだ。貴金属ファンドは、有事のときはたしかに頼りになる投資かもしれ

ないが、平時であればＲＥＩＴほどの高分配は期待できない。

小規模の金や銀の採掘会社の多くは、まったく配当を出さないかもしれない。それにＲＥＩＴと違い、市場が荒れたときに「緩衝材」としての役割も期待できない。以上をすべて考慮すると、貴金属への投資は、それがどんな形であれ私からはおすすめできない。

昨今の世界情勢をふり返ると、新型コロナウイルスのパンデミックが起こり、さらに戦争で地政学的な緊張も高まっている。投資家たちは、お金の安全な避難先を確保しておくことの重要性を痛感しているだろう。

しかし、避難先は必ずしも特定の金融資

産であるのは必要はない。むしろ頼りになるのは、投資家としてのあなたが持っている時間だ。

若い投資家であれば、投資期間は50年かそれ以上になるかもしれない。それだけの長い時間があれば、資産の利回りは平均値に回帰するものだ。その間に何かの資産価格が暴落したり、値動きが激しくなったりすることもあるだろうが、長い目で見れば平均的な利回りで資産は増えていく。

いろいろと心配なことはあるだろうが、雑音には耳を貸さず、今の投資を淡々と続けよう。やはりそれが、成功へのいちばんの近道だ。

債券は分散投資で役に立つ

債券は利子という確実な収入があるので、投資家の間では資金の安全な避難先として広く認められている。株式市場が下落したり、景気が悪化したりしたときに、債券に資金を移す投資家は多い。

ここ20年ほどは、株価と債券価格は負の相関関係にあった。つまり、株価が上がると債券価格が下がり、株価が下がると債券価格が上がるということだ。ところが、近年はその傾向が変わり、経済状況によっては株と債券が同じ値動きをすることも多くなった。

現在のところ、連邦準備理事会（ＦＲＢ）はインフレを抑えるために金利を上げている。そして前にも見たように、金利が上がると債券価格は下落する。一方で株価のほうも、世界的な景気後退のリスクによって下押しされている状態だ。

ここで大切なのは、債券価格と金利の関係をきちんと理解しておくことだ。金利が上がると、債券価格は下落する。そして金利の上昇によって経済活動が抑制され、その結果として株価も下がる。

私はつねに長期の視点を持つようにしているので、今のような状況でも、確実な利子収入をもたらしてくれる債券はやはり安全な避難先だと考えている。債券によっては、利率がインフレ率を上回るものもあるだろう。

いずれにせよ、どんな状況であっても、ポートフォリオに債券を組み込んで資産を分散するのは賢い方法だ。歴史的に見れば、株価が下落する局面になると、債券はプラスの利回りになることが多い。

債券に投資するなら、債券ファンドか、自分が引退したい年齢に合わせてターゲット・

リタイアメント・ファンドを買うのがベストの方法かもしれない。基本的に、若いときはポートフォリオの9割から10割が株式でもかまわない。そして年齢が上がるにつれて、債券の割合を増やしていこう。

債券がただの安全な投資ではない理由

債券が困ったときの避難先になるのは、利子という形でつねに決まった収入をもたらしてくれるからだ。しかし、債券はただの安全な投資ではない。むしろ、すべての投資家のポートフォリオになくてはならない存在だ。

年齢や、その他の要素も関係なく、投資家はある程度の債券を保有していなければならない。債券ファンドという形でも、債券インデックスファンドという形でもいいので、必ず債券をポートフォリオに組み込むこと。すべての投資家が、株式と債券を組み合わせた資産配分にするべきだ。

それでは、株式と債券の割合はどうするのか？　これは投資家にとってもっとも重要な

決断であり、あなたも例外ではない。ファイナンシャル・プランナーなどプロの助けを借りてもいいので、よく考えて自分なりの答えを出そう。

資産配分を決めるときに大切な要素は、自分の年齢、必要なもの、欲しいもの、そしてもちろん、投資の目標だ。 債券の利子のように決まった収入があれば、市場がどんな状況になっても心強い。最悪の事態でも、ある程度の現金収入が確保できる。

若い投資家であれば、一般的に債券はポートフォリオの15%から20%がいいとされている。しかし年配の投資家であれば、年齢とともに債券の割合を増やしていったほうがいいだろう。ある程度の年齢になれば、それほど大きなリスクを取る必要もなくなるからだ。

一口に債券といっても、どんな債券に投資すればいいのだろう？　私なら、地方債か、地方債ファンドを課税口座で購入する。債券を保有したい投資家が地方債をポートフォリオに加えれば、資産の分散にも役立つからだ。

もう一度確認しよう。すべての投資家が、債券か、債券のインデックスファンドか、またはその両方を、ポートフォリオに組み込まなければならない。一般的に、株式市場が値下がりしても、債券はそこまで大きな影響を受けることはない。個別株投資や、株式ファンド投資で大きなリスクを取っている人は、債券が緩衝材になってくれるだろう。

債券のインデックスファンドを探しているなら、たとえばバンガード・トータル債券市場インデックス・ファンド（VBTLX）や、バンガード・トータル債券市場ETF（BND）などがおすすめだ。どちらも、ブルームバーグ総合浮動調整インデックスという債券指数に連動するように設計されている。これは投資適格の債券を集めた指数で、アメリカの債券市場を広くカバーしている。つまり、このようなインデックスファンドかETFを買えば、安い手数料で債券市場全体を保有できるということだ。

まとめると、**債券は市場が荒れたときの避難先になってくれる**ということだ。債券には利子という決まった収入がある。あなたが何歳であろうと、資産配分に必ず債券を加えなければならない。

第13章で学んだ大切なこと

市場が荒れているときや、不景気のときは、守りが必要だ。そのために有効な対策は、資産の一部をＲＥＩＴインデックスファンドと債券に投資することだと私は信じている。しかし、厳しい状況になってからＲＥＩＴや債券の割合を増やしてはいけない。それはマーケット・タイミングだ。

投資で大切なのは最初に決めた方針を守ることであり、市場の動向に影響されて頻繁に売り買いするのは、ただ手数料の出費が増えるだけだ。ポートフォリオの調整は、たとえば年末や年始など、あらかじめ決めた時期にだけ行うこと。そして、調整といってもむやみにいじってはいけない。ここでの目的は、ただ最初に決めた資産配分に戻すことだけだ。

金やその他の貴金属を保有する必要はない。貴金属は金利がつかず、配当金も出ない。ただ長期的に、インフレで値上がりするというだけだ。

株価が値下がりしたり、不景気になったりしても、そこまで怖がる必要はない。歴史をふり返れば、アメリカ経済は何があっても最後には乗り越え、成長し続けてきたことがわかる。ただし、外国の株や債券にも投資している人は、それが不安の種になるかもしれない。自分のリスク許容度をしっかり把握し、それに即した資産配分を考えよう。

ゆっくりと、しかし着実に進んだ人がレースに勝つ。この原則を忘れないようにしよう。バンガード・グループの創始者で、インデックス投資のレジェンドであるジョン・ボーグルは、つねに「航路を守れ」といっていた。市場の動きに振り回されず、決めた航路を守っていれば、あなたはきっと投資で成功することができるだろう。

本章で学んだ大切なポイントをおさらいしよう。

- **市場が荒れても、債券やＲＥＩＴなど避難先はたくさんある。**

- **金や銀の現物投資、採掘会社の個別株への投資は避けること。リスクがきわめて高く、それに見合ったリターンは期待できない。**

- **ポートフォリオの少なくとも一部は債券にすること。**

- **債券やＲＥＩＴは不安な状況でも頼りになる安全な投資だが、だからといって株価が下がってから慌てて債券やＲＥＩＴを買ったりしてはいけない。それはマーケット・タイミングであり、マーケット・タイミングは投資の失敗の原因になる。**

若い投資家に伝えたい大切なこと

私は8歳で投資を始めて以来、数十年にわたって投資家人生を送ってきた。その道のりで、成功したこともあれば、失敗したことも数えきれないほどある。そんな私が経験から学んできたことに基づいて、若い投資家へアドバイスを贈りたい。

投資に近道はない

投資に近道はない。何も知らずにいきなり株を買うのは間違いであり、おそらくお金を失うことになる。個別の株を買うなら、十分に下調べをしなければならない。

リスクを減らそう

すべての投資にはリスクがある。中でも個別株はかなりリスクの高い投資だ。しかし、投資信託などの形で複数の株をまとめて買えば、ポートフォリオのリスクを軽減することができる。

自分で立てた計画を守ろう

簡単なことだ。いい計画を立てれば、目標を達成する助けになる。そして計画がなければ、あなたの資産は壊滅的なダメージを受けかねない。あまりにも多くの投資家が、そのときどきの人気銘柄や、インターネットに出回る「必勝法」などに惑わされ、結局は迷走してしまっている。だからこそ、あなたのような若い投資家は、きちんと計画を立て、その計画を守らなければならない。

お金を使うことも大切に

お金はただたくさんあればいいというわけではない。たしかにお金はあるに越したことはないが、お金を使って楽しむことも同じくらい大切だ。ただ働いてお金を稼ぐばかりで、そのお金でまったく楽しまないのは、単純に愚かなことだ。

しっかりと状況を知ろう

株を買う前に全体の状況について知っておかなければならない。業界、経済状況、会社の成長力などについてよく調べてから投資すること。

ポートフォリオはバランスが肝心

経済学者のウィリアム・F・シャープは、現代ポートフォリオ理論の研究が認められて1990年にノーベル経済学賞を受賞した。現代ポートフォリオ理論とは、リスクとリターンのバランスが最適になるポートフォリオの組み方を理論化したものだ。シャープのアドバイスによると、基本的なポートフォリオのバランスは株式60%・債券40%であり、あとはそれぞれのリスク許容度に応じて調整すればいい。

正解を知っているアナリストは存在しない

2021年の時点で、3394社の証券会社がFINRAに登録し、5000人近くのアナリストがそれらの会社で働いている。彼らの仕事は、株式を上場している数千もの会社の業績を分析することだ。アナリストにはそれぞれ専門の会社や業界があり、たとえば化学業界、製薬業界、電気や水道などの公益事業、テクノロジー業界など、自分が担当する分野をリサーチする。

ここで忘れてはならないのは、いつでも正しいアナリストは存在しないということだ。しかし、アナリストの分析を多くの人が信用すれば、分析が正しいかどうかにかかわらず、株価は影響を受けるかもしれない。

シンプルであれ

「現実的な範囲で可能なかぎり高いリターンを実現するには、シンプルな投資に徹しなければならない。(中略)この驚くべき時代における大いなる矛盾とは、私たちを取り巻く世界が複雑になるほど、経済的な目標を達成するには、よりシンプルな手法を模索しなければならないというものだ。(中略)経済的な成功を達成するには、シンプルであることがすべてのカギになる」――ジョン・ボーグル「シンプルに投資する」　1999年1月30日

市場はつねに正しい

実際に起こったことが現実だ。どんな理論も、思惑も、希望的観測も、ヤマ勘も、現実の前では何の力も持たない。

大切なのは、タイミングよりかけた時間

投資の世界にはこんな格言がある。「大切なのは、投資のタイミングを読むことではなく、投資に時間《タイム》をかけることだ」

専門家の意見を鵜呑みにしない

金融コラムニストのメアリー・ローランドが、「なぜ専門家やアナリストは信用できないのか」という記事の中でおもしろいことをいっていた。彼女の言葉を引用しよう。「どんな人でも間違うことはある。お金のプロにも打率のような成績がつき、彼らがテレビに出るたび字幕で打率が表示されたら、誰でも眉に唾をつけながら彼らの話を聞くようになるだろう」

ファイナンシャル・プランナーの選び方

「委託料」のプランナーは、顧客に投資商品を売り、その投資商品を販売する会社から委託料を受け取っている。一般的に、彼らに相談する場合、お金に関するプランは無料で提供してもらえる。しかし、ここで気をつけなければならないのは、彼らは特定の金融機関や保険会社からお金を受け取っているということだ。彼らの目的はそれらの会社が出している投資商品を顧客に売ることなので、本当に顧客に合ったアドバイスをすることはあまりない。

「顧問料」のプランナーは、純粋にプランナーの仕事で報酬を受け取っている。料金の設定は、時間単位の場合もあれば、顧客の資産の何%という形になる場合もある。一般的に、顧問料のみのプランナーは、顧客の状況に合わせてプランを用意してくれる。問題は料金が割高になることだ。

多くのプランナーは、委託料と顧問料の両方のサービスを提供している。顧客は自分の状況に応じて、プランの作成だけを頼んだり、仲買の仕事だけを頼んだりできる。

自分を知ろう

古代ギリシャのデルフィ遺跡には、「自分を知れ」という言葉が刻まれた石が残されている。2000年以上の時を経ても、これはとてもいいアドバイスだ。ほとんどの投資家は、投資の目標と投資期間ならわりと簡単に決められる。難しいのは、自分のリスク許容度を知ることだ。

ファイナンシャル・アドバイザーの世界では、投資家の性格を「攻撃的」、「中庸」、「保守的」という言葉で描写するが、それぞれの言葉の意味は曖昧だ。どの資産クラスを何%持つかを決め、自分の資産配分が完成するまでは、それらはただの言葉でしかない。

失敗を最小限にすることに集中しよう

投資の世界で「敗者のゲーム」という言葉を有名にしたのは、機関投資家のコンサルタントを務めるチャールズ・エリスだ。彼は1975年に発表した記事の中で初めてこの言葉を使った。エリスの説明によると、敗者のゲームとは、もっとも失敗の少ない人が勝つゲームのことだ。相手を出し抜こうとさまざまな技を繰り出す人は最終的には敗北し、ただ失敗を最小限に抑えることだけに集中した人が勝利を収める。

お金を「駐車」しよう

投資のプロは、よく「お金を駐車する」という言葉を使う。これは単純に、まだ投資に回さないお金をどこかに預けるという意味だ。もちろん、預ける場所はどこでもいいというわけではない。利息のつく銀行口座やMMFなどに預けておけば、使わない間は利息を稼ぎ、そして投資に回すときが来たらすぐに引き出すことができる。

リスクは絶対に避けられない

リスクを完全に避けることはできない。この世に100%確実なことは存在しない。ただお金を金庫に入れておくだけでも、インフレでお金の価値は下がっていく。年に3%かもしれないし、5%かもしれないし、あるいはもっと下がるかもしれない。

REITを正しく買おう

ポートフォリオのごく一部をREITのインデックスファンドにする。REITは株式市場が値下がりしたときにあなたの資産を守る役割を果たしてくれる。

債券をポートフォリオに組み込もう

すべての投資家が債券をポートフォリオに組み込まなければならない。しかしその配分は、投資家の年齢とリスク許容度によって異なる。

若い投資家に伝えたい気をつけるべきこと

投資をするうえで、「甘い話」に惑わされないことは非常に大切だ。ここであげる「気をつけるべきこと」をしっかりと心にとめて、リスクを回避しよう。最終的に、自分自身を守ってくれるのは、いつも正しい知識だ。

「うまい話」を信じない

いくらなんでもこの株価は高すぎる、評価されすぎではないかと思ったときは、注意したほうがいい。たいてい危惧した通りの結果になるからだ。2000年前後のインターネットバブル時代によく見られたように、300ドルの株も一瞬にして10ドルになる。

ローリスクはノーリスクではない

一般的に、債券は株よりもリスクの低い投資とみなされている。しかし、ここで注意したいのは、債券にもいろいろな種類があるということだ。発行するのが政府の場合もあれば、民間の会社の場合もある。利率やリスクの大きさも債券によってさまざまだ。ポートフォリオに加えたい債券があったら、まず格付けを確認しよう。

デイトレードをやらない

デイトレードとは、市場の値動きに応じて株の売買をその日のうちに完了させる取引のことだ。もう何十年も前から存在はしていたが、オンライントレードの流行で一気に有名になった。

デイトレードに関しては、私から一言だけアドバイスがある。それは、「やってはいけない」だ。米国証券取引委員会（SEC）もはっきりこういっている。「デイトレードはときに巨額の損失につながる。ほとんどの個人投資家は、それに耐えるだけのお金も、時間も、メンタルの強さも持っていない」

エキゾチックな国には投資しない

エキゾチックな国が好きだという人も、旅行で出かけるだけにしておこう。それらの国に投資することはおすすめしない。経済が安定した国に投資したほうが、あなたのお金は安全だ。

地方債への投資に注意

地方債の利子は連邦税がかからず、場合によっては州税もかからないので、地方債が有利な投資になる人もいるだろう。とはいえ、所得税の税率があまり高くないのであれば、地方債はそこまで魅力的ではないかもしれない。

地方債の投資が悪いというわけではないが、本当に有利かどうか確認することは必要だ。自分の状況を知り、それに沿って投資の判断をしなければならない。

投資信託は購入時期に気をつけよう

投資信託は年に1回、運用益を分配金として投資家に支払っている。時期はたいてい年末ごろだ。分配金の支払日近くに投資信託を購入すると、自分が購入する前にファンドが行った取引にも税金を払うことになってしまう。この行為は「分配金を買う」と呼ばれている。

年末が近くなった時期に投資信託を買うときは、分配金の支払日を確認して、支払いが終わってから買うようにしよう。

目論見書を読もう

目論見書とは、投資信託の基本的な情報が書かれた文書のことだ。運用会社は目論見書を作成することが法律で義務づけられている。投資信託に投資するときは、目論見書に記載された内容のうち、最低でも投資対象、運用方針、運用成績、想定されるリスクに関する記述には目を通しておこう。

ネット情報はウソばかり？

インターネットには投資のコツやアドバイスがあふれている。しかし、注意すること。情報の発信者がどんな人かよくわからないのであれば、その情報を信じてはいけない。

投資コストにご用心

投資をするときはいつでもコストに気をつけなければならない。コストは長期的にリターンが目減りする大きな原因の1つだ。

ポートフォリオのバランスを保とう

自分の投資の目標、投資期間、リスク許容度にもっとも合った資産配分が決まっても、仕事はそこで終わりではない。ポートフォリオをただ放置するのではなく、定期的に見直しを行う必要もある。

たとえば、投資を始めた当初の資産配分は、株式の投資信託80％、債券の投資信託15％、ＭＭＦ5％

だったとしよう。そして1年後、株式が債券より値上がりしたので、資産配分はそれぞれ85％、9％、6％に変化していた。最初に決めた資産配分がまだベストだと判断できるなら、この時点でポートフォリオを調整し、当初の配分に戻しておいたほうがいい。

金融詐欺にだまされない

どんな投資話も簡単に信じてはいけない。必ず自分で調べて、安全かどうか確認すること。世の中には悪い人がたくさんいる。

たとえば、2003年5月、米国証券取引委員会（SEC）がケンタッキー州の20歳の男性を投資詐欺の疑いで訴えた。この人物は、偽のウェブサイトとスパムメールを通じて10万ドル以上の資金を不正に集めたのだ。SECによると、彼は架空の会社をつくって月間2桁の利回りを約束して投資を募り、さらに投資家たちを安心させるために、「アメリカ合衆国預金保険会社」という架空の組織までつくりあげ、損失はすべてこの保険会社が補償すると投資家たちに信じさせたという。

この物語の教訓は何か？　それは、何かに投資するときには、きちんと調べなければならないということだ！

リスクをゼロにするリサーチはない

投資で成功したいなら、リサーチはとても重要だ。しかし、いくらリサーチしても成功が保証されるわけではない。すべての投資にはある程度のリスクがある。

補償されないリスクもある

「補償されないリスク」は現代ポートフォリオ理論に出てくる用語だ。さまざまな意味があるのだが、簡単にいえば、相応のリターンが期待できないリスクのことをさす。

たとえば、超小型株やハイイールド債のようなハイリスクな資産に投資するなら、それに見合ったハイリターンが期待できなければならない。大切なのは、リスクとリターンのバランスだ。何のリサーチもせずに超小型株やハイイールド債に投資するのは、きっとハイリターンだろうという思い込みに賭けているにすぎない。これは投資ではなくギャンブルだ。

ら行

ま行

や行

た行

な行

は行

さ行

アルファベット

あ行

か行

索引

The Teenage Investor

著者略歴

ティモシー・オルセン (Timothy Olsen)

金融の専門知識が豊富な個人投資家。わずか13歳のときに、本書のオリジナル版である『The Teenage Investor』を出版し、現在の年齢は30代前半になる。同書は、ティーンエイジャーがティーンエイジャーに向けて書いた投資ガイドという点で画期的な一冊だった。本の出版以来、長年にわたってティーンを対象にした金融・投資教育の重要性を訴えてきた。ルイジアナ州立大学でファイナンスの学士号、ロヨラ大学ニューオーリンズ校で修士号をそれぞれ取得。多数の高校や講演会で金融と投資に関する講演を行い、ＣＮＢＣやブルームバーグをはじめとする金融情報のテレビ番組にもゲスト出演の経験がある。

訳者略歴

桜田直美 (さくらだ・なおみ)

翻訳家。早稲田大学第一文学部卒。訳書は、『アメリカの高校生が学んでいるお金の教科書』『アメリカの高校生が学んでいる経済の教室』（いずれも、SBクリエイティブ)、『より少ない家大全』『THE CULTURE CODE 最強チームをつくる方法』（いずれも、かんき出版)、『ロングゲーム 今、自分にとっていちばん意味のあることをするために』（ディスカヴァー・トゥエンティワン)、『The Number Bias 数字を見たときにぜひ考えてほしいこと』（サンマーク出版）など多数。

アメリカの高校生《こうこうせい》が学《まな》んでいる
投資《とうし》の教科書《きょうかしょ》

2023年 2 月14日　初版第1刷発行
2023年11月14日　初版第5刷発行

著　　者　ティモシー・オルセン
訳　　者　桜田直美《さくらだなおみ》
発 行 者　小川 淳
発 行 所　SBクリエイティブ株式会社
〒106-0032　東京都港区六本木2-4-5
電話：03-5549-1201（営業部）

装　　丁　三森健太（JUNGLE）
装　　画　市村 譲
本文デザイン　miwa
本文イラスト　ヤギワタル
D T P　株式会社RUHIA
編　　集　小倉 碧（SBクリエイティブ）
印刷·製本　三松堂株式会社

本書をお読みになったご意見・ご感想を
下記URL、または左記QRコードよりお寄せください。

https://isbn2.sbcr.jp/16038/

ISBN978-4-8156-1603-8